はしがき

JN076319

― **会社法に精通し商業を営む株式会社の専門経理担当者、**
職業会計専門職を目指す人へ ―

　本書は、公益社団法人全国経理教育協会（いわゆる全経）・簿記能力検定試験（後援：文部科学省・日本簿記学会）1級：商業簿記・財務会計の『公式問題集』である。本書と合わせて、別に『公式テキスト』（商業簿記・財務会計）が刊行されているので、これも手元に置いて学習されることをお奨めする。

　全経では、近年の経済・経営環境の変化に対応すべく、経営管理の基礎となる簿記ならびに会計の能力水準の見直し作業を行ってきた。直近では、令和6年度（2024年度）より簿記の出題基準が一部改定されることになっている。その詳細は、【令和6年度改定】簿記能力検定試験出題基準および合格者能力水準および【令和6年度改定】簿記能力検定試験出題範囲に掲載されている。

　本問題集は、既述の『公式テキスト』に沿った形で、練習問題を掲載しているが、本番の試験問題は、おおよそ次のような構成を取っているので、受験にあたって参考にして欲しい。ただし、順番は目安であり、内容も変動する可能性がある。

　第1問　会社法令または企業会計原則および関連規則に関わる知識問題
　第2問　仕訳問題
　第3問　特殊な商取引あるいは各帳簿組織に関わる問題
　第4問　本支店会計または連結初年度に係る問題
　第5問　計算書類（貸借対照表、損益計算書、株主資本等変動計算書）の作成に係る問題または8桁精算表および（会社四季報に掲載される）財務諸表分析（指標）の問題

　以上により、まんべんなく商業簿記・財務会計の能力を判定・評価し、合格者の能力と水準を保証することになる。

　簿記・会計の学習にあっては、繰り返しの練習が不可欠である。本『問題集』により、技能を磨かれ、合格証書を手にされ、さらに上級の道（とりわけ上場会社の会計）へ踏み出されることを祈っている。

　なお、全経には「団体試験制度」があり、大学や高等学校、専門学校など教育機関で受験希望者を一定数集められると、その機関での受験が可能になる。詳しくは、全経事務局（03-3918-6131）に問い合わせて欲しいが、文部科学省の後援を受けているので、大学の授業、ゼミ等でも採用可能である。

　また、採点作業、答案保管などができない場合の相談も受け付けている。

　令和6年3月

一橋大学名誉教授・商学博士
新田　忠誓
中央大学商学部教授・博士（商学）
吉田　智也

試験日	年4回（5月、7月、11月、2月）実施

年4回（5月、7月、11月、2月）実施
※5月と11月は上級を除きます。

受験資格　男女の別，年齢，学歴，国籍等の制限なく誰でも受けられます。

受験料
（税込）

上級		7,800 円	2級	商業簿記	2,200 円
1級	商業簿記・財務会計	2,600 円	2級	工業簿記	2,200 円
	原価計算・管理会計	2,600 円	3級	商業簿記	2,000 円
			基礎簿記会計		1,600 円

試験会場　本協会加盟校　※試験会場の多くは専門学校となります。

申込方法　協会ホームページの申込サイト（https://app.zenkei.or.jp/）にアクセスし，メールアドレスを登録してください。マイページにログインするためのIDとパスワードが発行されます。
　　上級受験者は，試験当日，顔写真付の「身分証明書」が必要です。
　　マイページの検定実施一覧から検定試験の申し込みを行ってください。2つの級を受けることもできます。
　　申し込み後，コンビニ・ペイジー・ネットバンキング・クレジットカード・キャリア決済・プリペイドのいずれかの方法で受験料をお支払ください。受験票をマイページから印刷し試験当日に持参してください。試験実施日の2週間前から印刷が可能です。

試験時間　試験時間は試験規則第5条を適用します。開始時間は受験票に記載します。

合格発表　試験日から1週間以内にインターネット上のマイページで閲覧できます。ただし，上級については2か月以内とします。※試験会場の学生，生徒の場合，各受付校で発表します。

［受験者への注意］
1．申し込み後の変更，取り消し，返金はできませんのでご注意ください。
2．上級受験者で，「商簿・財務」の科目を受験しなかった場合は「原計・管理」の科目を受験できません。
3．受験者は，試験開始時間の10分前までに入り，受験票を指定の番号席に置き着席してください。
4．解答用紙の記入にあたっては，黒鉛筆または黒シャープペンを使用してください。
　簿記上，本来赤で記入する箇所も黒で記入してください。
5．計算用具（計算機能のみの電卓またはそろばん）を持参してください。
6．試験は，本協会の規定する方法によって行います。
7．試験会場では試験担当者の指示に従ってください。
　この検定についての詳細は，本協会又はお近くの本協会加盟校にお尋ねください。

検定や受付校の詳しい最新情報は、
全経ホームページでご覧ください。
「全経」で検索してください。
https://www.zenkei.or.jp/

郵便番号　170-0004
東京都豊島区北大塚1丁目13番12号
公益社団法人　全国経理教育協会
　TEL　03（3918）6133
　FAX　03（3918）6196

試験範囲区分表

簿記会計学の基本的素養が必要な営利・非営利組織	3級	2級	1級
	小規模株式会社	中規模株式会社	大規模株式会社
基礎簿記会計	商業簿記	商業簿記	商業簿記・財務会計
1 簿記の基本構造			
1．基礎概念（営利）			
a．資産，負債，純資産			
b．収益，費用			
c．損益計算書と貸借対照表との関係			
2．取引			
a．取引の意義			
b．取引の種類			
c．取引の構成要素（8要素）			
3．勘定			
a．勘定の分類			
b．勘定記入の原則	評価勘定		
c．仕訳と転記			
d．貸借平均の原理			
4．帳簿			
a．主要簿 仕訳帳 （現金出納帳） 総勘定元帳			
b．補助簿 （次の2 諸取引の処理 参照）			
	5．証ひょう		
		6．帳簿組織 a．単一仕訳帳制	
			b．特殊仕訳帳制
2 諸取引の処理			
1．現金預金			
a．通貨 現金出納帳	通貨代用証券		
	b．現金過不足 c．小口現金 小口現金出納帳		
d．普通預金			
	e．当座預金 当座預金出納帳	当座借越 当座 当座勘定出納帳	銀行勘定調整表
		f．納税準備預金	
		h．外貨預金	g．別段預金
	i．定期預金（一年以内）		
		2．手形 a．約束手形の振出, 受入, 取立, 支払 営業外受取手形・支払手形 b．裏書及び割引 c．手形の更改 d．手形の不渡り	為替手形の振出, 受入, 引受, 取立, 支払 （自己宛為替手形） （自己受為替手形） 自己受外貨建為替手形
			e．外貨建荷為替手形（荷為替手形）
		f．受取手形記入帳 支払手形記入帳 g．金融手形 借入, 貸付における証書代用の手形	
3．売掛金と買掛金			h．保証債務
a．売掛金，買掛金	売掛金（得意先）元帳, 買掛金（仕入先）元帳		
		b．クレジット売掛金 c．電子記録債権・債務	
			d．仕入割引 e．外貨建売掛金・買掛金
4．その他の債権と債務等			
a．貸付金，借入金			
	b．未収（入）金，未払金 c．前払金（前渡金）,前受金（予約販売を含む） d．立替金，預り金 e．仮払金，仮受金		
			f．商品券（自社）
		g．他店（共通）商品券	
	5．有価証券 a．有価証券の売買		
		b．売買目的有価証券の評価	
			c．端数利息 d．有価証券の貸付・借入・差入・預り・保管
	6．貸倒れと貸倒引当金 a．貸倒れの処理 b．差額補充法		

基礎	標準	応用	発展
7. 商品 　a．分記法	b．売上原価対立法(個別/月次) c．三分法 　返品 売上帳・仕入帳 e．払出原価の計算 　先入先出法 ―――――― 商品有高帳	―――― 移動平均法 ――――	―――― 総平均法
		f．期末商品の評価 　棚卸減耗 　商品評価損	g．履行義務の充足 　一時点に充足 　一定期間にわたり充足 　(基本的なもの-営業第1期)
9. 固定資産 　a．有形固定資産の取得―――――――――――――――――			割賦購入(利息は定額法処理のみ) 圧縮記帳 直接控除方式 積立金方式
	固定資産台帳	b．建設仮勘定 オペレーティング・リース取引 ファイナンス・リース取引 利子込み法	c．リース債務の整理 　借手側の処理 　定額法 d．資産除去費用の資産計上
	e．減価償却 　定額法 ――――――――――― 　記帳法・直接法 ――――	―― 間接法 f．有形固定資産の売却 ――	定率法 生産高比例法 有形固定資産の除却 g．無形固定資産 　ソフトウェア(自社利用) h．固定資産の減損
		i．投資その他の資産	満期保有目的の債券 償却原価法－定額法 子会社株式 関連会社株式 その他有価証券 (税効果を含む) 出資金 長期前払費用 投資不動産
			10. 繰延資産 繰延創立費, 繰延開業費, 繰延社債発行費 (等), 繰延株式交付費, 繰延開発費
		11. 引当金 賞与引当金, 修繕引当金 ――――	商品保証引当金, 債務保証損失引当金, 退職給付引当金
			12. 資産除去債務
13. 純資産 (資本) 　a．資本金 　b．引出金 **14. 収益と費用** 商品販売益, 家賃収入, サービス収入など 受取利息 給料, 広告費, 水道光熱費, 発送費, 旅費, 交通費, 通信費, 消耗品費, 修繕費 支払家賃, 支払地代, 保険料, 雑費 支払利息	売上, 雑益など ―――――― 仕入, 交際費, 支払手数料, 租税公課, 雑損など	―― 償却債権取立益, 受取手数料など ―― 福利厚生費, 保管料, 支払リース料, 創立費, 開業費, 株式交付費など	負ののれん発生益, 社債発行費(等), 開発費, 減損損失など
	15. 税金 　a．所得税 　b．固定資産税 　c．消費税 (税抜方式) ――――	決算整理 d．法人税・住民税・事業税	
	3　株式会社 　**1. 資本金** 　　a．設立		
		b．増資 　通常の新株発行 ――――――	資本準備金・利益準備金の資本金組入 c．減資
		2. 資本剰余金 　a．資本準備金 ―――――― 　　株式払込剰余金	減少
			b．その他資本剰余金 資本金減少差益, 資本準備金減少差益

	3．利益剰余金	a．利益準備金	
	b．その他利益剰余金	任意積立金	減少
	繰越利益剰余金		
		5．剰余金の配当等	
		a．剰余金の配当	中間配当
		b．剰余金の処分(基本的なもの)	(複雑なもの)
			8．会社の合併
			15．社債
			a．発行及び利払
			b．期末評価 定額法
		4 本支店会計	
		1．支店会計の独立	
		2．本支店間の取引	3．支店相互間の取引
			支店分散計算制度
			本店集中計算制度
		4．本支店合併財務諸表	
		b．本支店損益計算書の合併及び本支店貸借対照表の合併 内部利益なし	a．未達事項の整理
		5 外貨建取引等の換算	
		1．外貨の換算	2．外貨建取引の換算
6 決算			
1．試算表	2．決算整理		
	商品棚卸, 減価償却, 貸倒見積, 現金過不足, 営業費用の繰延と見越	売買目的有価証券の評価, 収益と費用の繰延と見越および再振替	満期保有目的の債券・その他有価証券の評価, リース取引の整理, 繰延資産の償却, 社債の評価など
3．精算表			
6欄(桁)精算表	8欄(桁)精算表		
4．収益と費用の損益勘定への振替			
5．純損益の資本金勘定への振替	繰越利益剰余金勘定への振替		
6．帳簿の締切り			
英米式			大陸式
繰越試算表			資産, 負債および純資産の開始残高勘定と閉鎖残高勘定への振替
7．財務諸表			
a．損益計算書と貸借対照表			
勘定式・無区分		勘定式・区分損益計算書	報告式(会社法)
			c．株主資本等変動計算書(基本的なもの)
			8．連結財務諸表
			a．連結精算表(基本的なもの-支配獲得日)
7 その他の組織形態の会計			
5．非営利団体			
a．収入, 支出			
b．現金出納帳			
c．元帳			
d．試算表			
e．会計報告書			
			8 会計に関する法令等
			1．会社法
			会社法施行規則
			会社計算規則
			2．企業会計原則
			9 財務諸表の分析
			(基本的なもの)
			ROA(総資産利益率)
			ROE(自己資本利益率)
			総資産負債比率・自己資本比率
			流動比率
			当座比率

全経　簿記能力検定試験　公式問題集　1級商業簿記・財務会計
CONTENTS

試験 標準勘定科目表

3級 商業簿記

資 産 勘 定	小 口 現 金	当 座 預 金	定 期 預 金	有 価 証 券	繰 越 商 品
消 耗 品	前 払 金	支 払 手 付 金	前 払 家 賃	前 払 地 代	前 払 保 険 料
従業員貸付金	立 替 金	従業員立替金	未 収 金	仮 払 金	仮 払 消 費 税
負 債 勘 定	未 払 金	未 払 税 金	未 払 給 料	未 払 広 告 費	未 払 家 賃
未 払 地 代	前 受 金	受 取 手 付 金	預 り 金	従業員預り金	所得税預り金
社会保険料預り金	仮 受 金	仮 受 消 費 税			
純資産（資本）勘定	繰越利益剰余金				
収 益 勘 定	売 上	有価証券売却益	雑 益	雑 収 入	
費 用 勘 定	売 上 原 価	仕 入	貸倒引当金繰入(額)	貸 倒 損 失	減 価 償 却 費
交 際 費	支 払 手 数 料	租 税 公 課	有価証券売却損	雑 損	
その他の勘定	現 金 過 不 足	貸 倒 引 当 金			

2級 商業簿記

資 産 勘 定	納 税 準 備 預 金	外 貨 預 金	受 取 手 形	クレジット売掛金	電 子 記 録 債 権
売買目的有価証券	営業外受取手形	他 店 商 品 券	前 払 利 息	未 収 手 数 料	未 収 家 賃
未 収 地 代	未 収 利 息	未収還付消費税	仮払法人税等	リ ー ス 資 産	手 形 貸 付 金
建 設 仮 勘 定	長 期 貸 付 金	不 渡 手 形			
負 債 勘 定	支 払 手 形	手 形 借 入 金	当 座 借 越	電 子 記 録 債 務	営業外支払手形
未 払 利 息	未 払 賞 与	未払役員賞与	未払法人税等	未 払 配 当 金	未 払 消 費 税
前 受 利 息	前 受 家 賃	前 受 地 代	リ ー ス 債 務	賞 与 引 当 金	修 繕 引 当 金
長 期 借 入 金	特別修繕引当金				
純資産（資本）勘定	資 本 準 備 金	利 益 準 備 金	新 築 積 立 金	別 途 積 立 金	
収 益 勘 定	受 取 手 数 料	受 取 家 賃	受 取 地 代	償却債権取立益	為 替 差 益
受 取 配 当 金	固定資産売却益				
費 用 勘 定	棚 卸 減 耗 費	商 品 評 価 損	賞 与	役 員 賞 与	福 利 厚 生 費
保 管 料	○○引当金繰入	支 払 リ ー ス 料	手 形 売 却 損	為 替 差 損	創 立 費
開 業 費	株 式 交 付 費	固定資産売却損			
その他の勘定	当 座	○○減価償却累計額	支 店	本 店	有価証券運用損益
法 人 税 等					

1級　商業簿記・財務会計

標準的な勘定科目の例示は次のとおりです。　　　※新たに1級で学習する勘定科目のみを示しています。

資 産 勘 定	別 段 預 金	外貨建売掛金	工事未収入金	半 成 工 事	未収還付法人税等
貸付有価証券	差入有価証券	保管有価証券	貯 蔵 品	繰延税金資産	構 築 物
の れ ん	特 許 権	借 地 権	商 標 権	実用新案権	意 匠 権
鉱 業 権	ソフトウェア	ソフトウェア仮勘定	満期保有目的債券	その他有価証券	子 会 社 株 式
関連会社株式	投 資 不 動 産	長期前払費用	出 資 金	繰延創立費	繰延開業費
繰延株式交付費	繰延社債発行費(等)	繰延開発費			
負 債 勘 定	外貨建買掛金	工事未払金	役員預り金	未払中間配当金	借入有価証券
預り有価証券	繰延税金負債	商 品 券	保 証 債 務	商品保証引当金	債務保証損失引当金
長 期 未 払 金	社 債	退職給付引当金	資産除去債務		
純資産(資本)勘定	新株式申込証拠金	その他資本剰余金	資本金及び資本準備金減少差益	減 債 積 立 金	固定資産圧縮積立金
税法上の積立金	その他有価証券評価差額金	非支配株主持分			
収 益 勘 定	工 事 収 益	仕 入 割 引	為 替 差 損 益	有価証券利息	保証債務取崩益
投資有価証券売却益	負ののれん発生益	保 険 差 益	国庫補助金受贈益	建設助成金受贈益	工事負担金受贈益
費 用 勘 定	工 事 原 価	退職給付費用	のれん償却	特許権償却	商標権償却
実用新案権償却	意 匠 権 償 却	鉱 業 権 償 却	ソフトウェア償却	開 発 費	開発費償却
社 債 利 息	社債発行費(等)	保証債務費用	為 替 差 損 益	創立費償却	開業費償却
株式交付費償却	社債発行費(等)償却	固定資産除却損	火 災 損 失	減 損 損 失	子会社株式評価損
投資有価証券売却損	○ ○ 圧 縮 損				
その他の勘定	○ ○ 未 決 算	閉 鎖 残 高	開 始 残 高	追徴法人税等	還付法人税等

問題編

Chapter 1

とおるポイント

仕入割引の処理

●仕入割引

仕入割引とは、あらかじめ決められた期日より前に、買掛金の決済があった場合、掛代金の一部を免除されることをいいます。

買掛金¥50,000の支払いにつき、¥5,000の割引きを受け、残額を現金で支払った。

```
          ┌負債の減少
(借)買  掛  金    50,000    (貸)現        金    45,000
                              仕 入 割 引     5,000
                                        └収益の発生
```

※仕入割引は受取利息的な性格をもつ財務収益です。

払出単価の計算

●総平均法

総平均法とは、期末や月末などの一定期間の末に、一括して平均単価を計算し、その平均単価を用いて払出単価とする方法です。

$$総平均法における平均単価 = \frac{期首商品棚卸原価 + 当期商品仕入原価}{期首商品数量 + 当期仕入数量}$$

Section 1 仕入割引の処理

問題 1 **仕入割引の処理①**

基本 ★★★★☆ check!

➡ 解答・解説 P.2

日付	/	/	/
✓			

▼次の取引について仕訳を示しなさい。

　当社は、×2年4月15日、買掛金を小切手で支払った。なお、この買掛金は×2年3月31日に購入した商品 ¥20,000に対する債務であり、購入日より30日後に支払う契約であるが、購入日から20日以内に支払った場合には、掛代金より1.5％を割り引く条件が付いていた。

借 方 科 目	金 　 額	貸 方 科 目	金 　 額

問題 2 **仕入割引の処理②**

応用 ★★★★☆ check!

➡ 解答・解説 P.2

日付	/	/	/
✓			

▼次の取引について仕訳しなさい。

1．南千住商店より商品¥700,000を「支払期限60日後。ただし、20日以内に支払うときは2％引き」の条件で掛けで仕入れた。
2．上記の買掛金を割引有効期間内に支払ったので、2％の割引きを受けた。なお、代金は小切手を振り出して支払った。

	借 方 科 目	金 　 額	貸 方 科 目	金 　 額
1				
2				

払出単価の計算

問題 3 **払出単価の計算①**

基本 ★★★☆☆ check!

➡ 解答・解説 P.3

日付	/	/	/
✓			

当社は、当期中、a商品を次の順序で仕入れ、販売した。よって、当該商品に係る当期の売上原価と期末商品棚卸高を、（1）先入先出法、（2）総平均法により求めなさい。

	数量	単価	金額
前期より繰越	100個	￥220	￥22,000
第 1 回仕入	150	232	34,800
第 1 回売上	120		
売 上 返 品	20		
第 2 回仕入	100	230	23,000
第 2 回売上	160		

	(1)先入先出法	(2)総平均法
売 上 原 価		
期末商品棚卸高		

問題 4 **払出単価の計算②**

基本 ★★★☆☆ check!

➡ 解答・解説 P.4

日付	/	/	/
✓			

当社は、当期中、a商品を次の順序で仕入れ、販売した。よって、当該商品に係る当期の売上原価と期末商品棚卸高を、（1）先入先出法、（2）移動平均法、（3）総平均法により求めなさい。

	数量	単価	金額
前 期 よ り 繰 越	200個	￥500	￥100,000
第 1 回 仕 入	400	530	212,000
第 1 回 売 上	200		
第 2 回 仕 入	400	540	216,000
第 2 回 売 上	480		
売上（第2回分）返品	30		

	(1)先入先出法	(2)移動平均法	(3)総平均法
売 上 原 価			
期末商品棚卸高			

Chapter 2 とおるポイント

Section 1 履行義務の充足

●収益認識に関する会計基準

収益認識に関する会計基準では、**履行義務を充足した時に又は充足するにつれて収益を認識**するとしています。

Section 2 一時点で充足される履行義務（商品券）

●商品券

商品券を発行したときには、**商品券勘定（負債）**で処理します。その後、商品を販売し、商品券を受け取ったときには、履行義務を充足したので**商品券勘定の減少**として処理します。

発 行 時

当社は￥10,000の商品券を発行し、代金を現金で受け取った。

　　　　　　　　　　　　　　　　　　　　┌負債の増加
（借）現　　　　　金　　10,000　　（貸）商　品　券　　10,000

引 渡 時

商品を￥18,000で売り上げ、代金のうち￥10,000は当社発行の商品券で受け取り、残額は現金で受け取った。

　　　┌負債の減少
（借）商　品　券　　10,000　　（貸）売　　　上　　18,000
　　　現　　　　　金　　8,000

Section 3 一定期間にわたり充足される履行義務（工事契約）

●原価比例法

決算日における工事進捗度を見積もる方法のうち、**決算日までに実施した工事に関して発生した工事原価が工事原価総額に占める割合**をもって、決算日における工事進捗度とする方法をいいます。

工事収益＝工事収益総額× ┌────────────────────┐ ─過年度工事収益累計額
　　　　　　　　　　　　　　当期末までの実際発生原価累計額
　　　　　　　　　　　　　　─────────────
　　　　　　　　　　　　　　見積工事原価総額
　　　　　　　　　　　　　└────────────────────┘
　　　　　　　　　　　　　　　　　⇩
　　　　　　　　　　　　　　工事進捗度
　　　　　┗━━━━━━━━━━━━━━━┛
　　　　　　　当期末までの工事収益累計額

※最終年度は工事進捗度が100％となるので、
　「工事収益＝工事収益総額－過年度工事収益累計額」で計算されます。

履行義務の充足

収益認識に関する会計基準による収益の認識

基本 ★★★☆☆ check!
→ 解答・解説 P.6

日付	/	/	/
✓			

▼以下の資料にもとづき、当社（会計期間は1年、決算日は3月31日）において、当期に計上される収益の金額を示しなさい。

■資　料■

(1) 当期首に、T社との間で業務用コンピューターの販売および当該コンピューターの運用に関するサポートサービスを当期首から3年間にわたって提供する1つの契約を締結し、ただちに商品を引き渡した。

(2) 上記の契約における対価は1,740万円である。

(3) 上記の商品とサービスの独立販売価格はそれぞれ1,500万円と240万円である。

万円

一時点で充足される履行義務（商品券）

商品券（当社発行）の処理

基本 ★★★☆☆ check!
→ 解答・解説 P.7

日付	/	/	/
✓			

▼次の一連の取引について仕訳を示しなさい。

1. デパート淀屋橋は、顧客甲田さんに商品券 ¥29,000を、乙島さんに商品券 ¥32,000を販売し、ともに代金を現金で受け取った。

2. デパート淀屋橋は、顧客甲田さんに商品のスーツ ¥50,000を販売し、上記の商品券を受け取り、残額は現金で受け取った。

	借 方 科 目	金 額	貸 方 科 目	金 額
1				
2				

Section **3**

一定期間にわたり充足される履行義務（工事契約）

問題 **3** **工事契約**

基本 ★★★☆☆	check!	日付	/	/	/
➡ 解答・解説 P.7		✓			

▼以下の資料にもとづき、甲建設会社（会計期間は1年、決算日は3月31日）の×1年度、×2年度および×3年度の工事収益の額を計算しなさい。なお、一定期間にわたり充足される履行義務と判断し、進捗度を合理的に見積もることができるため、一定期間にわたり収益を認識する。進捗度の見積方法は原価比例法による。

■資　料■

① 工事請負金額は 6,500万円。工事契約は、×1年5月10日に着工し、×3年6月12日に完成、引渡しの約束。

② 工事原価の見積額 5,000万円

③ 工事原価の実際発生額は、×1年度が 3,000万円、×2年度が 1,200万円、×3年度が 800万円。

×1年度	×2年度	×3年度
万円	万円	万円

Chapter 3 とおるポイント

Section 1 銀行勘定調整表

●**銀行勘定調整表**

銀行勘定調整表とは、当座預金勘定残高が銀行の当座預金残高に一致しているかどうかを確認するために作成される表です。

●**銀行勘定調整表の形式**

両者区分調整法……両者の残高を適正残高に一致させる方法
企業残高基準法……企業残高を銀行残高に一致させる方法
銀行残高基準法……銀行残高を企業残高に一致させる方法

●**不一致の原因と両者区分調整法による残高の調整**

> ①企業外部の事情に起因するもの ── 未達側の調整
>
> 例 ・時 間 外 預 入　銀行残高⊕
>
> 　　・未 取 立 小 切 手　銀行残高⊕
>
> 　　・未 取 付 小 切 手　銀行残高⊖
>
> 　　・連 絡 未 通 知　企業（当座預金）残高⊕⊖
>
> ②企業内部の事情に起因するもの ── 企業側（当座預金）の調整
>
> 例 ・未 渡 小 切 手　企業（当座預金）残高⊕
>
> 　　・誤 　記 　入　企業（当座預金）残高⊕⊖

時 間 外 預 入…銀行の営業時間終了後に現金を預け入れること。

未 取 立 小 切 手…銀行に持ち込んだ他人振出しの小切手のうち、銀行において未入金(未取立て)なもの。

未 取 付 小 切 手…当社が取引先等に振り出した小切手のうち、相手がまだ銀行に持ち込んでいないため、決済がなされていないもの。

連 絡 未 通 知…銀行において、口座への振込みや自動引落し等の当座取引があったにもかかわらず、その連絡が当社に未達のため、未処理となっていること。
未処理となっている取引の仕訳が必要。

未 渡 小 切 手…会社が小切手を作成したものの、まだ取引先に渡していないもの。小切手の作成時に当座預金勘定を減少させているので修正仕訳(訂正仕訳)が必要。

誤 　記 　入…当社が金額等を誤って仕訳している取引。
修正仕訳(訂正仕訳)が必要。

１級合格のための２級の基礎知識

問題
1

通貨代用証券、当座借越

基本 ★★★★★ check!

→解答・解説 P.8

日付	／	／	／
✓			

▼次の各取引について仕訳しなさい。

1．当社は本日、金庫の中を実査したところ、株主配当金領収書￥40,600があったが、未処理であった。

2．当社は、取引銀行として甲銀行と乙銀行があり、両行と借越限度額￥500,000の当座借越契約を結んでいる。本日、得意先緑川商会から売掛金の回収として同商会振り出しの小切手￥230,000を受け取り、直ちに甲銀行の当座預金（当座借越残高￥160,000）に預け入れた。

　また、仕入先茶花会社へ買掛金支払いのために乙銀行（当座預金残高￥90,000）宛の小切手￥150,000を振り出した。当社の当座借越の処理は、2勘定制によっている。

	借　方　科　目	金　　額	貸　方　科　目	金　　額
1				
2				

▼次の各取引について仕訳しなさい。

1．過日、現金の実際有高￥43,600、帳簿残高￥35,300であったので、現金過不足勘定で処理していた。本日、不一致の原因について，受取手数料￥15,000を￥1,500と誤記入していたことと、事務用消耗品￥2,600の購入（費用処理）を貸借逆記入していたことによることが判明した。

2．当社は過日、現金出納帳上の残高￥68,400、手元の現金実際在高￥77,000で一致していなかったので、その不一致額を現金過不足勘定で処理していた。本日、当該不一致の原因は、現金売上￥42,000を￥24,000と誤記入していたことと、交通費￥4,700の支払いを貸借逆記入していたことによることが判明した。

3．過日、現金の実際有高￥264,700と、帳簿残高￥316,800が一致していなかったので、現金過不足勘定で処理していた。本日、不一致の原因について，現金仕入￥26,500を貸借逆記入していたことと、消耗品費￥4,500（費用処理）を￥5,400と誤記入していたことによることが判明した。

	借 方 科 目	金 額	貸 方 科 目	金 額
1				
2				
3				

➡解答・解説 P.10

問題
3 **現金過不足②**

基本 ★★★☆☆ check!

日付	/	/	/
✓			

▼次の各取引について仕訳しなさい。

1. かねて現金過不足勘定で処理しておいた現金不足額¥44,000の原因については、調査の結果、通信費の現金支払額¥50,000／交通費の現金支払額¥4,000／手数料の現金受取額¥13,000の記入漏れのためであることが判明したが、これ以外の原因については、不明のため雑損として処理することにした。

2. かねて現金過不足勘定で処理しておいた現金過剰額¥8,000の原因については、期末になってもその原因が判明しなかった。

	借 方 科 目	金 額	貸 方 科 目	金 額
1				
2				

銀行勘定調整表

問題 **4** 仕訳

基本 ★★★★★ check!
➡ 解答・解説 P.11

日付 / / /
✓

▼次の各取引について仕訳しなさい。

1. 決算にあたり、取引銀行から取り寄せた期末日の当座預金の残高証明書によれば、当座預金残高は¥2,904,600であるが、当社の当座預金の帳簿残高は¥2,616,600であった。その不一致の原因を調査したところ、次の事実が判明したので、修正処理をする。

   (1) 得意先隅田商会から売掛代金¥56,000の当座振込が銀行から当社に未達であった。
   (2) 仕入先北上商店の買掛金支払いのために振り出した小切手¥38,400が取り付け未済であった。
   (3) 仕入先筑後会社の買掛金支払いのために振り出した小切手¥48,600が未渡しであった。
   (4) 淀広告代理店へ当期の広告費支払いのために振り出した小切手¥145,000が未渡しであった。

2. 決算にあたり、取引銀行から取り寄せた期末日の当座預金の残高証明書によれば、当座預金残高は¥3,468,400であるが、当社の当座預金の帳簿残高は¥3,365,300であった。その不一致の原因を調査したところ、次の事実が判明したので、修正処理する。

   (1) 仕入先九谷商店の買掛金支払いのために振り出した小切手¥55,600が取り付け未済であった。
   (2) 修繕会社へ当期の修繕費支払いのために振り出した小切手¥79,800が未渡しであった。
   (3) 電気代¥32,300が自動引き落しされていたが、銀行からの通知が未達であった。

	借 方 科 目	金 額	貸 方 科 目	金 額
1				
2				

Chapter 4
とおるポイント

手形の割引・裏書と保証債務

●**手形の割引**

手形の割引きとは、手形を銀行などの金融機関に譲渡し、満期日前に換金することをいいます。

●**手形の裏書**

手形の裏書とは、手形を満期日前に、仕入代金の支払いなどのために取引先に譲渡することをいいます。

●**偶発債務**

偶発債務とは、現在は債務ではないが、将来ある出来事が起きたときに債務となるおそれのあるものをいいます。

●**手形割引時**

```
(借)当 座 預 金    ××    (貸)受 取 手 形    ×××
   手 形 売 却 損      ×
(借)保 証 債 務 費 用  ××    (貸)保 証 債 務    ××
```

●**手形決済時**

上記の手形が満期日に決済された。

```
(借)保 証 債 務    ××    (貸)保証債務取崩益    ××
```

●**手形裏書時**

```
(借)買 掛 金    ×××    (貸)受 取 手 形    ×××
(借)保 証 債 務 費 用  ××    (貸)保 証 債 務    ××
```

●**手形決済時**

上記の手形が満期日に決済された。

```
(借)保 証 債 務    ××    (貸)保証債務取崩益    ××
```

1級合格のための2級の基礎知識

問題 1 手形の更改

基本 ★★★☆☆ check!

→解答・解説 P.12

日付	/	/	/
✓			

▼次の取引を仕訳しなさい。手形貸付金勘定を用いること。

　当社は過日、鹿島会社へ現金￥1,000,000を貸し付け、同社から同額の約束手形を受け取っていたが、本日、期限到来に伴い同社から期限延期の申し出につき当社は承諾したので、利息￥8,500を加えた新しい約束手形を受け取った。

借　方　科　目	金　　額	貸　方　科　目	金　　額

Section 1 手形の割引・裏書と保証債務

問題 2 手形の割引①

基本 ★★★★☆ check!

→解答・解説 P.12

日付	/	/	/
✓			

▼次の一連の取引について仕訳を示しなさい。

1．手許保有の手形 ￥80,000を銀行で割り引き、割引料 ￥4,000を差し引いた残額を現金で受け取った。なお、保証債務の時価は ￥2,000とする。

2．上記の手形が決済された。

	借　方　科　目	金　　額	貸　方　科　目	金　　額
1				
2				

➡ 解答・解説 P.13

問題3 手形の割引②

基本 ★★★★★ check!

▼次の各取引を仕訳しなさい。

1．当社は過日、得意先中伊豆商店から売掛代金の回収により受け取った同店振り出しの約束手形¥160,000を取引銀行で割り引き、割引料¥2,400差し引き後の手取金を当座預金とした。また、手形割引により生じうる保証債務の時価は、¥3,200と見積もり、保証債務費用は手形売却損に含める。

2．当社は過日、得意先井倉商店から売掛代金の回収により受け取った同店振り出しの約束手形¥200,000を取引銀行で割り引き、割引料¥2,500差し引きの手取金を当座預金とした。ただし、当該銀行には、当座借越¥210,000がある。なお、当座借越の勘定処理は二勘定制による。

	借　方　科　目	金　　額	貸　方　科　目	金　　額
1				
2				

問題4 手形の裏書

➡ 解答・解説 P.13

基本 ★★★★☆ check!

▼次の一連の取引について仕訳を示しなさい。

1．受取手形 ¥150,000を裏書して、買掛金の支払いにあてた。なお、保証債務の時価は¥3,000とする。

2．上記の手形が決済された。

	借　方　科　目	金　　額	貸　方　科　目	金　　額
1				
2				

Chapter 5

とおるポイント

外貨建取引

● **外貨建取引**（がいかだてとりひき）

取引価額が外国通貨の単位で表示される取引をいいます。

外貨建取引を会計帳簿に記録するためには、取引価額を円建に直す必要があり、これを換算といいます。

> 円建の金額＝外貨建金額×為替レート

● **外貨建取引の一巡（取引→決済）**

(1) 取引時の外貨建金額を**取引時の為替レート**で換算します。

(2) 決済時には、取引時と決済時の為替レートの変動から生じる差額を**為替差損益**として処理します。

● **決算時の換算**

「外貨建取引等会計処理基準」では、決算時の外貨建資産・負債の換算について貨幣・非貨幣法を採用しています。この方法によると、貨幣項目は**決算時の為替レート**を適用し、非貨幣項目については**取得時**または**発生時の為替レート**を適用します。

貸借対照表項目 ─── ①貨幣項目 ───→ 決算時の為替レート（CR）

貸借対照表項目 ─── ②非貨幣項目 ───→ 取得時または発生時の為替レート（HR）

※ 貨幣項目とは、債権債務など最終的に現金化する資産および負債をいいます。

非貨幣項目とは、商品や固定資産など、貨幣項目以外の資産および負債をいいます。

● **為替差損益の処理**

為替差損益は損益計算書上、**営業外収益**（為替差益）または**営業外費用**（為替差損）に純額で表示します。

Section 2 外貨建荷為替手形

●荷為替の取組み

荷為替の取組みとは、自己受為替手形を振り出し、これを銀行で割り引くことをいいます。

●荷為替取組時

長崎商店は商品を450ドルで売り上げ300ドルについて荷為替手形を取り組み、割引料 ¥1,000を支払い、手取金を当座預金とした。販売時の為替レートは1ドル¥100である。

(借)当 座 預 金	29,000	(貸)売　　　　上	45,000
手 形 売 却 損	1,000		
売 掛 金	15,000		

●荷為替の引受け

荷為替の引受けとは、荷受人が銀行から荷為替手形の呈示を受け、それを引き受けて貨物代表証券を受け取ることをいいます。

●荷為替引受時

未着商品450ドルにつき為替手形300ドルの引受けをした。荷為替引受時の為替レートは1ドル¥100である。

(借)未 着 品	45,000	(貸)支 払 手 形	30,000
		買 掛 金	15,000

外貨建取引

外貨建取引とは

基本 ★★★☆☆ check!

➡ 解答・解説 P.14

日付	/	/	/
✓			

▼次の文章を読んで空欄を埋めなさい。同じ語句を２回以上用いてもよい。

(1) 外貨建取引とは、取引価額が外国通貨の単位で表示される取引をいい、外貨建取引を会計帳簿に記録するためには取引価額を円貨に直す必要がある。このとき、外貨建取引を円貨に直すことを □①□ という。

□①□ は、1. 取引の発生時　2. 決算時　3. □②□ 時に必要になる。

(2) 外貨建取引では、取引時の外貨建金額を □③□ 時の為替レートで□①□ し、記帳する。したがって、決算時の前に □④□ 時が到来する場合、仕入原価や買掛金の額は輸入時に確定する。しかし、その買掛金を決済するために支払う現金は、□④□ 時の為替レートで □①□ するので輸入時に確定した買掛金との間に差額が生じる。この輸入時と □④□ 時の為替レートの変動から生じる差額は、□⑤□ として処理する。

①		②		③	
④		⑤			

問題 2 外貨建取引の一巡①

➡解答・解説 P.14

▼次の取引について仕訳を示しなさい。換算差額および決済差額については、為替差損益勘定を用いること。

1. 吉田物産は商品500ドルを掛けで輸入した（輸入時の為替レート：1ドル＝120円）。

2. 吉田物産は1で仕入れた商品のうち50ドルを仕入先に返品し、買掛金と相殺した。

3. 吉田物産は1で仕入れた商品のうち250ドルを350ドルで掛けで売り上げた（売上時の為替レート：1ドル＝130円）。

4. 1の買掛金450ドルを現金で決済した（決済時の為替レート：1ドル＝115円）。

5. 3の売掛金350ドルが現金で決済された（決済時の為替レート：1ドル＝125円）。

	借 方 科 目	金 額	貸 方 科 目	金 額
1				
2				
3				
4				
5				

▼次の取引の仕訳を答えなさい。換算差額および決済差額については、為替差損または為替差益勘定を用いること。

1. 当社は本日、前期の商品輸入により発生した外貨建買掛金＄20,000について取引銀行の当座預金口座から送金した。輸入日、前期決算日、決済日の為替レートはそれぞれ、＄1あたり¥120、¥114、¥116であった。

2. 当社は過日、米国企業から輸入した機械＄60,000の代金を本日、米国にある取引銀行の普通預金より支払った。購入日および支払日の為替レートは、それぞれ＄1あたり¥112、¥105である。

3. 当社（決算日9月30日）は、本日、前期に米国企業に売却した商品＄65,000の掛代金について、米国にある取引銀行の普通預金口座に振り込まれた。売却日、前期決算日および本日の為替レートは、それぞれ＄1あたり¥89、¥93、¥96である。

	借 方 科 目	金 額	貸 方 科 目	金 額
1				
2				
3				

問題 4 外貨建取引の一巡②

➡ 解答・解説 P.16

基本 ★★★★☆ check!

日付	/	/	/
✓			

▼次の外貨建取引に係る純仕入高、為替差損益、買掛金期末残高の金額を求めなさい。

(1)遠野会社（決算日12月31日）は、×19年11月20日に米国企業から商品＄64,000を掛けで仕入れた。

(2)同年11月22日に型くずれによる当該商品＄2,000を返品した。

(3)12月20日に買掛金＄32,000を米国にある取引銀行の普通預金口座から支払い、残額は未済のまま、本日決算を迎えた。為替レートは、下記のとおりである。

11月20日	＄1あたり¥116
11月22日	＄1あたり¥115
12月20日	＄1あたり¥111
12月31日	＄1あたり¥112

（　　）に益または損を記入すること

純 仕 入 高	
為 替 差（　　）	
買掛金期末残高	

問題 5 為替手形の処理

基本 ★☆☆☆☆ check!

→解答・解説 P.17

日付	/	/	/
✓			

▼次の取引について仕訳を示しなさい。

1．原宿商店に対する買掛金を決済するため、かねてから売掛金のある新宿商店宛に為替手形 ¥180,000 を振り出し、同店の引受けを得て原宿商店に交付した。

2．池袋商店から商品 ¥115,000 を仕入れ、代金のうち ¥65,000 は同店を振出人、大塚商店を受取人とする為替手形を呈示されたので、これを引き受け、残額は現金で支払った。

3．代々木商店に商品 ¥280,000 を販売し、同店振出し、山根商店引受けの為替手形を受け取った。

4．東京商店に対する売掛金 ¥100,000 を回収するため、当社を受取人、東京商店を名宛人とする自己受為替手形を振り出した。

	借 方 科 目	金 額	貸 方 科 目	金 額
1				
2				
3				
4				

問題 6 荷為替手形①

▶ 解答・解説 P.18

▼次の一連の取引について仕訳を示しなさい。換算差額および決済差額については、為替差損益勘定を用いること。

1．東京商事は、ニューヨーク物産に商品を500ドルで輸出し、そのさい、取引銀行で400ドルの荷為替を取り組み、割引料￥2,000を差し引かれ、手取り金を当座預金に預け入れた。販売時の為替レートは、1ドル￥105である。

2．決算を迎えた。決算時の為替レートは、1ドル￥110である。

3．上記売掛金100ドルを現金で受取った。決済時の為替レートは、1ドル￥112である。

	借 方 科 目	金 額	貸 方 科 目	金 額
1				
2				
3				

問題7 荷為替手形②

▼次の一連の取引について仕訳を示しなさい。決済差額については、為替差損益勘定を用いること。

1. 大阪商事は、ワシントン物産より商品1,000ドルを輸入し、そのうち700ドルの荷為替を引き受け、貨物代表証券を受け取った。荷為替引受時の為替レートは、1ドル￥100である。

2. 大阪商事は、上記の貨物代表証券と交換に商品を引き取った。そのさいに引取費用￥2,000を現金で支払った。

3. 上記の荷為替手形700ドルを現金で支払った。決済時のレートは、1ドル￥105である。

	借 方 科 目	金 額	貸 方 科 目	金 額
1				
2				
3				

Chapter 6
とおるポイント

有価証券の追加取得

●**平均単価の計算**

有価証券の追加取得時は、以下の算式により平均単価を計算します。
払出単価は平均単価を用います。

$$平均単価 = \frac{残高金額 + 受入金額}{残高数量 + 受入数量}$$

有価証券の分類

●**有価証券の評価と表示**

有価証券は保有目的ごとに、評価方法（貸借対照表価額の決め方）や処理方法
が異なります。一覧表に示すと次のとおりです。

	貸借対照表表示場所	評価方法（貸借対照表価額）	処理方法	評価差額・償却額 表示科目	評価差額・償却額 表示区分
売買目的有価証券	流動資産	時　価	切放法または洗替法	有価証券評価益(損)	損益計算書営業外収益（営業外費用）
満期保有目的債券	投資その他の資産※	原則：取得原価	－	－	－
		償却原価	定額法	有価証券利息	損益計算書営業外収益
子会社株式・関連会社株式		取得原価	－	－	－
その他有価証券		時　価	洗替法（全部純資産直入法）	その他有価証券評価差額金	貸借対照表純資産の部

※　一年内に満期の到来する社債その他の債券は流動資産とします。

●**子会社株式**

子会社株式とは、発行した株式のうち当社に50％超を保有されている場合な
ど、支配されていると認められている企業の株式をいいます。

●**関連会社株式**

関連会社株式とは、発行した株式のうち当社に20％以上50％以下を保有され
ている場合など、当社がその企業の意思決定に重要な影響を与えることがで
きる企業の株式をいいます。

●子会社株式・関連会社株式の決算時の処理

子会社株式・関連会社株式は、原則として取得原価で評価します。

(例)

当期に取得した子会社株式（取得原価¥10,000）の決算時の時価は¥12,000であった。

「仕 訳 な し」

子会社株式・関連会社株式については、しばらく売る予定はないため取得原価で評価します。

●有価証券の減損処理

(1)時価のある場合（強制評価減）

期末における時価が取得原価の50％以上下落し、回復の見込みがない場合または回復見込みが不明な場合には、評価損を計上します。

(例)

子会社株式（取得原価¥100,000）の期末時価は¥30,000であり、回復の見込みは不明であった。

(借)子会社株式評価損　　　70,000　　　(貸)子 会 社 株 式　　　70,000

(2)時価を把握することが極めて困難と認められる場合（実価法）

期末における実質価額が著しく低下した場合、実質価額を貸借対照表価額とし、評価損を計上します。

(例)

当社が保有する子会社株式（取得原価¥80,000）について、当期末に子会社の財政状態が悪化し実質価額が著しく低下したため、実価法を適用する。子会社の発行済株式総数は100株、当社の保有株式数は80株であり、当期末における子会社の純資産は¥40,000である。

(借)子会社株式評価損　　　48,000　　　(貸)子 会 社 株 式　　　48,000

1株当たりの実質価額：$\dfrac{¥40,000}{100株} = @¥400$

子会社株式評価損：$¥80,000 - @¥400 \times 80株 = ¥48,000$

その他有価証券

●その他有価証券

その他有価証券とは、売買目的有価証券、満期保有目的債券、子会社株式および関連会社株式のいずれにも該当しない有価証券をいいます。

●その他有価証券の決算時の処理

その他有価証券は、決算日の時価で評価し、評価差額は全部純資産直入法で処理します。

●全部純資産直入法

全部純資産直入法とは、その他有価証券の評価差額をその他有価証券評価差額金として計上する方法です。

（例）

当期に取得したその他有価証券（取得原価¥10,000）の決算時の時価は¥12,000であった。

（借）その他有価証券　　　　2,000　　　（貸）その他有価証券評価差額金　　　2,000

その他有価証券評価差額金は、貸借対照表の純資産の部の「株主資本」の区分の次の「評価・換算差額等」の区分に記載します。

●税効果会計を適用する場合

(1)評価益が生じている場合

評価益が生じている場合、**将来増加する税金の額**を繰延税金負債勘定（固定負債）で処理し、**税引後の金額をその他有価証券評価差額金勘定で処理**します。

(2)評価損が生じている場合

評価損が生じている場合、**将来減少する税金の額**を繰延税金資産勘定（固定資産）で処理し、**税引後の金額をその他有価証券評価差額金勘定で処理**します。

（例）

当社が保有するその他有価証券について、A社株式（取得原価¥10,000）の決算時の時価は¥12,000であり、B社株式（取得原価¥10,000）の決算時の時価は¥8,000である。その他有価証券の評価は全部純資産直入法により、税効果会計を適用（税率30%）する。

A社株式

（借）その他有価証券　　　　2,000　　　（貸）繰延税金負債　　　　　600
　　　　　　　　　　　　　　　　　　　　　　その他有価証券評価差額金　　1,400

B社株式

（借）繰延税金資産　　　　　600　　　（貸）その他有価証券　　　　2,000
　　　その他有価証券評価差額金　1,400

4 満期保有目的債券

●満期保有目的債券

満期保有目的債券とは、満期まで所有し、元本と利息を受け取る目的で保有する社債その他の債券をいいます。

●満期保有目的債券の処理

満期保有目的債券は、原則として取得原価を貸借対照表価額としますが、取得原価と額面金額が異なり、その差額が金利の調整と認められるときは、償却原価法にもとづいて算定した価額をもって貸借対照表価額としなければなりません。

●償却原価法

償却原価法とは、取得原価と額面金額との差額を、毎期取得原価に加減算して額面金額に近づけていく方法です。毎期の加減算額は定額法により算定し、有価証券利息として計上します。

$$償却額＝（額面金額－取得原価）\times \frac{当期の所有月数}{取得時から満期日までの月数}$$

購　入　時

×5年10月1日に満期保有目的で長野株式会社社債（額面金額¥800,000、償還日×10年9月30日、利払日9月30日の年1回）を額面@¥100につき@¥95で買い入れ、代金は小切手を振り出して支払った。取得原価と額面金額との差額は金利の調整と認められる。

　　　　　　　┌資産の増加
（借）満期保有目的債券[※1]　760,000[※2]　（貸）当　座　預　金　　760,000

※1　投資有価証券勘定を用いることもあります。

※2　$¥800,000 \times \dfrac{@¥95}{@¥100} ＝ ¥760,000$

決　算　時

×6年3月31日、満期保有目的債券につき、償却原価法（定額法）を適用する。

　　　　　　　┌資産の増加
（借）満期保有目的債券[※1]　　4,000[※2]　（貸）有　価　証　券　利　息　　4,000

※1　投資有価証券勘定を用いることもあります。

※2　$（¥800,000 － ¥760,000） \times \dfrac{6カ月}{60カ月} ＝ ¥4,000$

利付債券の売買

●端数利息の処理

(1) ×1年6月12日、売買目的で熊本商事株式会社発行の社債（額面総額
¥100,000）を額面¥100につき¥97で買い入れ、代金は端数利息とともに
小切手を振り出して支払った。同社債の利息は年3％であり、利払日は
3月と9月の各末日である。端数利息は、1年を365日として日割計算す
ること。

(借)売買目的有価証券[※1]　　97,000　　(貸)当 座 預 金　　97,600
　　有 価 証 券 利 息　　　600

$$¥100,000 × 3\% × \frac{73日[※2]}{365日} = ¥600$$

　※1　有価証券勘定を用いることもあります。
　※2　×1年4月1日〜×1年6月12日＝73日
　　　　電卓上、先に掛けてから割ります。

端数利息＝利付債券の額面金額×年利率×$\dfrac{\text{前の利払日の翌日から売買日当日までの日数}}{365日}$

(2) ×1年9月30日上記の社債について利息を受け取り、当座預金とした。

(借)当 座 預 金　　　1,500　　(貸)有 価 証 券 利 息　　　1,500

$$¥100,000 × 3\% × \frac{6カ月}{12カ月} = ¥1,500$$

有価証券の差入・預り

●差入時

NS社から資金を借り入れ、担保として、所有している有価証券を差し入れ
た。

(借)現 金 な ど　　×××　　(貸)借 　 入 　 金　　×××
　　差 入 有 価 証 券　　×××　　　有 価 証 券　　×××

●預り時

宇都宮商事に資金を貸し付け、担保として、有価証券を預かった。

(借)貸 　 付 　 金　　×××　　(貸)現 金 な ど　　×××
　　保 管 有 価 証 券　　×××　　　預 り 有 価 証 券　　×××

有価証券の追加取得

平均原価の算定①

応用 ★★★☆☆　check!

→ 解答・解説 P.20

日付	/	/	/
✓			

▼次の取引について仕訳を示しなさい。売買目的有価証券勘定を用いること。

　青山株式会社は、売買目的で3回に分けて取得していた上場株式のうち300株を@¥770で売却し、代金は現金で受け取った。第1回目（100株、取得価額@¥700）、第2回目（500株、取得価額@¥750）および第3回目（400株、取得価額@¥850）は、いずれも今期中に行われたものである。株式の払出単価の計算は平均法によっている。

借　方　科　目	金　　額	貸　方　科　目	金　　額

平均原価の算定②

基本 ★★★☆☆　check!

→ 解答・解説 P.21

日付	/	/	/
✓			

▼次の取引を仕訳しなさい。売買目的有価証券勘定を用いること。

　当社は、売買目的で保有する白馬会社株式3,000株のうち1,000株を1株¥1,250で売却し、証券会社の手数料¥25,000差引後の金額が当社の普通預金口座に振り込まれた。なお、当該株式は、過去2回にわたって取得したものであり、1回目は2,000株を1株（手数料込み）¥1,120、2回目は1,000株を1株（手数料込み）¥1,180で取得したものである。株式の評価方法には移動平均法を適用している。支払手数料は売却損益に含めること。

借　方　科　目	金　　額	貸　方　科　目	金　　額

有価証券の分類

問題
3

有価証券の評価と表示

基本 ★★☆☆☆ check!

➡ 解答・解説 P.22

日付	/	/	/
✓			

▼有価証券の期末の評価に関して、次の空欄に適切な語句を記入しなさい。

	評価方法 (貸借対照表価額)	処理方法	評価差額・償却額	
			表示科目	表示区分
売買目的 有価証券	（　　　）	切放法 または洗替法	有価証券評価益（損）	損益計算書 営業外収益（営業外費用）
満期保有 目的債券	原則：取得原価	―	―	―
	償却原価	定額法	有価証券利息	損益計算書　営業外収益
子会社株式・ 関連会社株式	（　　　）	―	―	―
その他有価証券	（　　　）	洗替法 （　　　）法	（　　　）	貸借対照表　純資産の部

問題
4

子会社株式・関連会社株式

基本 ★★★★★ check!

➡ 解答・解説 P.22

日付	/	/	/
✓			

▼次の取引の仕訳を行いなさい。なお、仕訳不要の場合には借方科目欄に「仕訳なし」
と記入すること。

1．当社は、A株式会社を支配する目的でA株式会社の株式1,000 株を1株あたり
¥500 で購入し、代金は現金で支払った。

2．当社は、B株式会社に影響力を行使する目的でB株式会社の株式300 株を1株
あたり¥300 で購入し、代金は現金で支払った。

3．決算日におけるA社株式の実質価額は1株あたり¥200 で著しく低下し、B社
株式の時価は1株あたり¥280であった。

	借　方　科　目	金　　額	貸　方　科　目	金　　額
1				
2				
3				

Section 3

その他有価証券

問題 5　その他有価証券①

基本 ★★★★★　check!

➡ 解答・解説 P.23

日付	/	/	/
✓			

▼次の取引の仕訳を行うとともに、当期末の貸借対照表（一部）を作成しなさい。その他有価証券の評価は、全部純資産直入法による。当社の会計期間は４月１日から３月31日までである。

なお、貸借対照表上、純資産のマイナスとなる科目については金額の前に「△」と付けること。

(1)当社は、×５年４月１日にその他有価証券としてＡ社株式300 株を１株あたり¥500 で購入し、代金は当座預金より支払った。

(2)当社は、×５年10 月１日にその他有価証券としてＢ社株式200 株を１株あたり¥300 で購入し、代金は当座預金より支払った。

(3)当期末におけるＡ社株式およびＢ社株式の時価は、次のとおりである。
　　Ａ社株式の当期末時価：１株あたり¥480
　　Ｂ社株式の当期末時価：１株あたり¥310

	借　方　科　目	金　　額	貸　方　科　目	金　　額
(1)				
(2)				
(3)				

貸 借 対 照 表　　　　　（単位：円）

資 産 の 部	純 資 産 の 部
Ⅱ　固定資産	Ⅱ　評価・換算差額等
3. 投資その他の資産	その他有価証券評価差額金 （　　　　　）
投資有価証券 （　　　）	

問題 **6** **その他有価証券②**

応用 ★★★★★ check!

➡解答・解説 P.24

日付	/	/	/
✓			

▼次の資料にもとづいて、当期末の貸借対照表（一部）を作成しなさい。その他有価証券の評価は全部純資産直入法により、税効果会計を適用（税率30%）する。

（資料１）決算整理前残高試算表（一部）

決算整理前残高試算表

×５年３月31日　　　　　（単位：円）

その他有価証券	80,000	

（資料２）決算整理事項

残高試算表のその他有価証券は当期に取得したＡ社株式およびＢ社株式の帳簿価額の合計である。Ａ社株式およびＢ社株式の時価は次のとおりである。

銘　　柄	取得原価	当期末時価
Ａ社株式	¥50,000	¥52,000
Ｂ社株式	¥30,000	¥29,500

貸借対照表　　　　　（単位：円）

資産の部	負債の部
Ⅱ　固定資産	Ⅱ　固定負債
3. 投資その他の資産	繰延税金負債　（　　　　　）
投資有価証券　（　　　　　）	純資産の部
	Ⅱ　評価・換算差額等
	その他有価証券評価差額金　（　　　　　）

問題 7 満期保有目的債券の処理

基本 ★★★★★ check!

→解答・解説 P.25

日付	/	/	/
✓			

▼次の取引を仕訳しなさい。

1．当社は、×20年2月1日に×19年5月1日発行の社債（償還期限5年、利率年4％、利払日10月末日と4月末日の年2回）額面￥2,000,000を￥1,962,000で購入し、売買手数料￥15,000と端数利息（月割計算による）を加えた合計金額を月末に支払うこととした。なお、当該社債は、満期保有目的である。

2．当社は、満期保有目的で×21年8月1日に×20年10月1日発行の社債（償還期限5年、利率年1.5％、利払日3月末日と9月末日の年2回）額面￥2,000,000を￥1,920,000で購入し、証券会社へ手数料￥6,500と端数利息を加えた合計金額を小切手振り出しにより支払った。なお、端数利息は、月割計算による。

3．当社（決算日3月31日）は、当期4月1日の発行日に、荒会社が発行した額面￥3,000,000、償還期限5年、契約利子率年2.3％（利払日は9月末と3月末の年2回）の社債を￥100につき￥96で取得し、満期まで保有する意図を持って所有している。また、取得価額と債券金額（額面）との差額は、金利調整分である。本日、決算に当たり、未処理である契約利息の計上と当該社債に関して必要な整理を行う。なお、当該社債の評価は、償却原価法（定額法）による。

	借 方 科 目	金 額	貸 方 科 目	金 額
1				
2				
3				

➡ 解答・解説 P.26

問題 8 有価証券の評価 まとめ問題

応用 ★★★★☆ check!

日付	/	/	/
✓			

▼次の資料にもとづいて、当期の損益計算書および貸借対照表を作成しなさい。

（資料1）

決算整理前残高試算表
×27年3月31日　　　　　　（単位：円）

売買目的有価証券	10,000	受取配当金	600
満期保有目的債券	?	有価証券利息	1,800
関連会社株式	200,000		
その他有価証券	150,000		

（資料2）決算整理事項

1．当期末に保有する有価証券の内訳は次のとおりである。

	取得価額	当期末時価	保有目的	備考
A社株式	¥10,000	¥9,000	売買目的	
B社社債	¥57,000	¥57,500	満期保有目的	(1)
C社株式	¥200,000	¥190,000	影響力行使目的	—
D社株式	¥80,000	¥82,000	その他	(2)
E社株式	¥70,000	¥69,500	その他	(2)

(1)B社社債（額面総額 ¥60,000、満期日：×30年3月31日、利率年3％、利払日は3月末日の年1回）は、×25年4月1日に額面@¥100につき@¥95で取得したものであり、償却原価法（定額法）により評価する。

(2)その他有価証券の評価については、全部純資産直入法を採用している。

損 益 計 算 書（一部）
自×26年4月1日　至×27年3月31日　　（単位：円）

⋮

Ⅳ　営 業 外 収 益
　　1．受 取 配 当 金　　（　　　　　　　）
　　2．有 価 証 券 利 息　　（　　　　　　　）（　　　　　　　）
Ⅴ　営 業 外 費 用
　　1．（　　　　　　　）　　　　　　　　（　　　　　　　）

貸 借 対 照 表（一部）
×27年3月31日　　　　　　　（単位：円）

資 産 の 部
Ⅰ　流動資産
　　有価証券　　　　　（　　　　　　　）
Ⅱ　固定資産
　3．投資その他の資産
　　投資有価証券　　　（　　　　　　　）
　　関係会社株式　　　（　　　　　　　）

⋮

純 資 産 の 部
Ⅱ　評価・換算差額等
　　その他有価証券評価差額金（　　　　　　　）

端数利息の算定①

基本 ★★★☆☆ check!

→ 解答・解説 P.27

日付	／	／	／
✓			

▼次の一連の取引について仕訳を示しなさい。売買目的有価証券勘定を用いること。

1. 売買目的で額面 ¥800,000の国債を @¥100につき @¥97で買い入れ、端数利息 ¥10,000とともに小切手を振り出して支払った。ただし利率は年5％（利払い年2回）である。

2. 上記の国債の利払日に、半年分の利息を現金で受け取り、ただちに当座預金とした。

3. 上記の国債のうち、額面 ¥200,000を @¥100につき @¥98で売却し、端数利息 ¥1,000とともに小切手で受け取った。

	借 方 科 目	金 額	貸 方 科 目	金 額
1				
2				
3				

問題 10 端数利息の算定②

応用 ★★★☆☆ check!

→ 解答・解説 P.28

日付 ／ ／ ／
✓

▼次の一連の取引について仕訳を示しなさい。売買目的有価証券勘定を用いること。

端数利息については日割計算とし、1年は365日として計算すること。

1. 5/10 売買目的で広島商事株式会社発行の社債（額面総額 ¥1,000,000）を額面 ¥100につき ¥97で買い入れ、代金は端数利息とともに小切手を振り出して支払った。同社債の利息は年7.3%であり、利払日は3月と9月の各末日である。

2. 9/30 上記の社債について利息を受け取り、当座預金とした。

3. 12/20 上記の社債を額面 ¥100につき ¥95で売却し、代金は端数利息とともに小切手で受け取った。

	借 方 科 目	金 額	貸 方 科 目	金 額
1				
2				
3				

問題
11　有価証券の差入・預り

基本　★★☆☆☆　check!

➡解答・解説 P.29

日付	/	/	/
✓			

▼次の取引を仕訳しなさい。売買目的有価証券勘定を用いること。

1．当社は、取引先安芸商会に現金￥1,200,000を貸し付け、担保として安芸商会が保有する株式150株(時価1株￥7,350)を受け入れた。

2．当社は、取引先上高地商会から現金￥1,000,000を借り入れ、担保として売買目的で保有する株式500株(帳簿価格￥1,850、時価￥2,280)を差し入れた。

	借　方　科　目	金　　額	貸　方　科　目	金　　額
1				
2				

Chapter 7
とおるポイント

固定資産の割賦購入

●固定資産の割賦購入

(1)備品¥300,000を購入し、代金の支払いを6カ月の均等分割払いとしたところ、毎月¥51,000ずつ、合計で¥306,000を支払うこととなった。なお、利息は支払利息勘定で処理する*。利息の配分は定額法による。

```
           ┌現金購入価額
(借)備        品  300,000   (貸)未   払   金  306,000
   支 払 利 息   6,000
       └利息相当額
```

* 支払利息勘定については未決算勘定、前払利息勘定を用いることもあります。

(2)月末になり、先に割賦購入した備品の代金¥51,000（うち利息¥1,000）を現金で支払った。

```
(借)未   払   金   51,000   (貸)現        金   51,000
```

(3)決算になり、支払利息¥6,000のうち翌期分¥5,000を繰り延べる。

```
(借)前 払 利 息   5,000    (貸)支 払 利 息   5,000
```

資本的支出と収益的支出

●資本的支出と収益的支出

```
                改良  ──→ 資本的支出…固定資産の原価を構成する
固定資産に関する支出
                回復  ──→ 収益的支出…当期の費用（修繕費）となる
```

建物の改良・修繕のために¥500,000を現金で支払った。なお、このうち¥300,000は建物の耐用年数を延長させるためのものである。

```
           ┌資産の増加（資本的支出）
(借)建        物  300,000   (貸)現        金  500,000
   修   繕   費  200,000
       └費用の発生（収益的支出）
```

> 耐用年数を延長させるための支出は、資本的支出として建物勘定に含め、残りは従来の機能を維持するための支出（収益的支出）として修繕費に計上します。

減価償却（定率法・生産高比例法）

●定率法による減価償却費の計算

(1) ×9年3月31日決算となり、×8年10月1日に購入した建物（取得原価 ¥600,000）につき定率法、償却率20％で減価償却を行う。記帳は間接法による。

（借）減 価 償 却 費　　60,000　　（貸）建物減価償却累計額　　60,000

$$\text{¥}600,000 \times 20\% \times \frac{6 \text{カ月}}{12 \text{カ月}} = \text{¥}60,000$$

 帳簿価額×償却率、と計算すると減価償却費年額が求められますが、ここでは経過分の6カ月分（×8年10月1日から×9年3月31日まで）を月割計算によって計上します。

(2) ×10年3月31日決算となり、減価償却を行う。

（借）減 価 償 却 費　　108,000　　（貸）建物減価償却累計額　　108,000

$$(\text{¥}600,000 - \text{¥}60,000) \times 20\% = \text{¥}108,000$$

●生産高比例法による減価償却費の計算

所有する航空機（取得原価 ¥800,000、残存価額は取得原価の10％）の当期の飛行距離は 300,000km であった。なお、同機の見積飛行距離は 6,000,000km である。記帳は間接法による。

（借）減 価 償 却 費　　36,000　　（貸）航空機減価償却累計額　　36,000

$$(\text{¥}800,000 - \text{¥}800,000 \times 10\%) \times \frac{300,000\text{km}}{6,000,000\text{km}} = \text{¥}36,000$$

 生産高比例法は、航空機、鉄道車両などのように物理的な総利用可能量がわかる固定資産をその利用の程度に応じて償却する、という考え方にもとづく方法です。

生産高比例法：(取得原価－残存価額)× $\dfrac{\text{当期利用量}}{\text{総利用可能量}}$

Section 4 買換え

●**固定資産の買換え**

×8年10月1日に¥600,000で取得した建物を×10年6月30日に
¥500,000で売却し、小切手 ¥500,000を振り出して支払い、新しい建物
（¥1,000,000）に買い換えた。減価償却方法は、定率法（償却率20％）と
する（決算日年1回3月31日）。記帳は間接法による。

①旧建物売却の処理

（借）未 収 金	500,000	（貸）建 物	600,000
建物減価償却累計額	168,000[01]	固定資産売却益	89,600
減 価 償 却 費	21,600[02]		

01)　$¥600,000 \times 20\% \times \dfrac{6カ月}{12カ月} = ¥60,000$
　　（¥600,000 － ¥60,000）× 20％ ＝ ¥108,000
　　¥60,000 ＋ ¥108,000 ＝ ¥168,000

02)　$（¥600,000 － ¥168,000）\times 20\% \times \dfrac{3カ月}{12カ月} = ¥21,600$

②新建物購入の処理

（借）建 物	1,000,000	（貸）未 収 金	500,000
		当 座 預 金	500,000

③買換えの処理

（借）建 物	1,000,000	（貸）建 物	600,000
建物減価償却累計額	168,000	当 座 預 金	500,000
減 価 償 却 費	21,600	固定資産売却益	89,600

Section 5 固定資産の除却・廃棄

●固定資産の除却

当期首に取得原価 ¥500,000 の機械装置（減価償却累計額 ¥400,000）を除却
し、除却のための費用 ¥30,000 を現金で支払った。なお、除却物の処分価
額は ¥10,000 と見積もられている。

（借）機械装置減価償却累計額	400,000	（貸）機 械 装 置	500,000
貯 蔵 品	10,000	現 金	30,000
固定資産除却損	120,000		

廃棄したときは、処分価額（上記仕訳の貯蔵品にあたるもの）がなく、廃棄したと
きの固定資産の簿価および廃棄のために要した費用を固定資産廃棄損とします。

Section 6 固定資産の滅失

●固定資産の滅失（保険契約が付されている場合）

(1)火災により諸資産（簿価 ¥80,000）が焼失した。なお、¥100,000 の保険
契約を結んでいる。

┌仮勘定の増加
（借）火 災 未 決 算	80,000	（貸）諸 資 産	80,000

滅失した諸資産の簿価＞保険契約額の場合は、差額（損失確定額）を火災損失とし
ます。

(2)火災未決算＞保険金受取額

(1)の損害について、¥75,000 の保険金を受け取った（現金）。

┌仮勘定の減少
（借）現 金	75,000	（貸）火 災 未 決 算	80,000
火 災 損 失	5,000		
└費用の発生

(3)火災未決算＜保険金受取額

(1)の損害について、¥90,000 の保険金を受け取った（現金）。

┌仮勘定の減少
（借）現 金	90,000	（貸）火 災 未 決 算	80,000
		保 険 差 益	10,000
└収益の発生

滅失した資産に保険契約が付されていない場合は、滅失した資産の帳簿価額全額
を火災損失として処理します。

Section 7 圧縮記帳

●圧縮記帳（直接控除方式）

(1)期首に国庫補助金 ¥90,000の交付を受け、当座預金に入金された。

（借）当 座 預 金　　90,000　　（貸）国庫補助金受贈益*　　90,000
　　　　　　　　　　　　　　　　　　　　　　　—特別利益—

　＊　「受入国庫補助金」や「国庫補助金収入」を用いる場合もあります。

(2)期首に国庫補助金の対象となる備品 ¥300,000を現金で購入した。

（借）備　　　　品　　300,000　　（貸）現　　　　　金　　300,000

(3)決算において、備品につき国庫補助金相当額 ¥90,000の圧縮記帳を直接
控除方式により行った。

（借）固定資産圧縮損　　90,000　　（貸）備　　　　品　　90,000
　　　　—特別損失—

(4)備品の減価償却を、耐用年数は3年、残存価額は ¥0として定額法（間
接法）により行った。

（借）減 価 償 却 費　　70,000*　　（貸）備品減価償却累計額　　70,000

　＊　（¥300,000 − ¥90,000）÷ 3 年 ＝ ¥70,000

●圧縮記帳（積立金方式）

(1)期末に国庫補助金¥90,000の交付を受け、当座預金に入金された。

（借）当 座 預 金　　90,000　　（貸）国庫補助金受贈益　　90,000
　　　　　　　　　　　　　　　　　　　　　—特別利益—

(2)期末に国庫補助金の対象となる備品¥300,000を現金で購入した。

（借）備　　　　品　　300,000　　（貸）現　　　　　金　　300,000

(3)決算において、備品につき国庫補助金相当額¥90,000の圧縮記帳を積立
金方式により行った。なお、備品は翌期より使用する。

（借）繰越利益剰余金　　90,000　　（貸）圧 縮 積 立 金　　90,000
　　　　　　　　　　　　　　　　　　　　　—純資産の部—

(4)翌期末において、備品の減価償却を、耐用年数は3年、残存価額は¥0と
して定額法（間接法）により行った。

（借）減 価 償 却 費　100,000*1　　（貸）備品減価償却累計額　　100,000
（借）圧 縮 積 立 金　　30,000*2　　（貸）繰越利益剰余金　　30,000

　＊1　¥300,000 ÷ 3 年 ＝ ¥100,000
　＊2　¥90,000 ÷ 3 年 ＝ ¥30,000

圧縮積立金を積み立てると税務上の費用として認められることにより補助金に課
税されず、減価償却時に圧縮積立金を取り崩すと税務上の収益として認められる
ことにより耐用年数にわたりに課税されます。

●**減損会計とは**

減損会計とは、収益性の低下により投資額を回収する見込みが立たなくなった固定資産の帳簿価額を、一定の条件のもとで回収可能性を反映させるように減額する会計処理のことをいいます。

●**減損会計の処理**

固定資産の帳簿価額を回収可能価額まで減額し、減損損失として処理します。回収可能価額は、正味売却価額と使用価値のいずれか**大きい方**です。

正味売却価額：固定資産の時価−処分費用見込額
使用価値：使用による価値

（例）

　当期末において所有している建物（取得原価¥3,000,000、当期減価償却後減価償却累計額¥2,000,000）について減損会計の処理を行う。なお、当期末における正味売却価額は¥800,000、使用価値は¥700,000である。

　(借)減 損 損 失　　200,000* (貸)建　　　　　物　　200,000
　　　　―特別損失―

＊　建物帳簿価額：¥3,000,000 − ¥2,000,000 = ¥1,000,000
　　回収可能価額：¥800,000 ＞ ¥700,000　∴¥800,000
　　減損損失：¥1,000,000 − ¥800,000 = ¥200,000

当期の減価償却後の帳簿価額を回収可能価額まで減らします。回収可能価額が帳簿価額を上回っている場合には、処理不要です。

Section 9 無形固定資産

●無形固定資産の処理

×8年4月1日に特許権を¥2,250,000で取得した。登録にさいし、登録料
¥150,000を含めて現金で支払った。

　┌資産の増加
(借)特　許　権　2,400,000　　(貸)現　　　　　金　2,400,000

×9年3月31日決算につき、償却年数を8年として償却を行う。

(借)特 許 権 償 却　300,000*　(貸)特　　許　　権　300,000
　　　└費用の発生　　　　　　　　　　　　└資産の減少

$$* \quad ¥2,400,000 \times \frac{12\,カ月}{96\,カ月} = ¥300,000$$

無形固定資産の償却は、残存価額ゼロ、定額法、直接法によります。

●ソフトウェアの処理

×8年4月1日に自社で利用するためにソフトウェアを¥90,000で取得
し、設置費用¥10,000とともに現金で支払った。

(借)ソフトウェア　100,000　　(貸)現　　　　　金　100,000
　　└無形固定資産┘

×9年3月31日決算につき、償却年数を5年として償却を行う。

(借)ソフトウェア償却　20,000*　(貸)ソフトウェア　20,000

$$* \quad (¥90,000 + ¥10,000) \div 5\,年 = ¥20,000$$

期中に取得している場合には、月割りで償却を行います。

●投資その他の資産

(1)長期の利殖を目的とするもの

長 期 性 預 金：決算後、１年を超えて満期になる定期預金
長 期 貸 付 金：長期の貸付金
出 資 金：信用金庫や組合などの団体に提供した資金
関係会社株式：子会社株式と関連会社株式
投資有価証券：満期保有目的債券やその他有価証券
投 資 不 動 産：投資目的で保有する不動産

(2)正常な営業サイクルから外れたもの

不 渡 手 形：不渡りとなった手形の代金請求権のうち長期のもの
長期前払費用：長期間にわたる費用の前払額

●投資不動産

投資目的で所有している建物や土地は貸借対照表や損益計算書において、次のように区別して表示します。

	表 示 区 分	表 示 科 目
投資している建物・土地	(B/S) 投資その他の資産	投資不動産
減価償却費	(P/L) 営業外費用	減価償却費
家賃収入・地代収入	(P/L) 営業外収益	受取家賃・受取地代

固定資産の割賦購入

問題 1 **固定資産の割賦購入①**

基本 ★★☆☆☆ check!

➡ 解答・解説 P.30

日付	／	／	／
✓			

▼次の一連の取引について仕訳を示しなさい。

1．3月1日に備品を割賦購入した。当該備品の現金購入価額は¥600,000、利息総額は¥21,600 で、代金の支払いは3月末より毎月末に12 回の均等額払いとし、12 枚の約束手形（1枚の額面¥51,800）を振り出して渡した。なお、利息部分の処理については支払利息勘定を用い、利息の配分は定額法によること。

2．3月31日、割賦購入した備品の第1回目の支払日になり、約束手形の代金が当座預金口座より引き落とされた。また、決算にあたり翌期分の利息を繰り延べる。

	借 方 科 目	金 額	貸 方 科 目	金 額
1				
2				

▼以下の決算整理前残高試算表（一部）に基づき、当期の貸借対照表および損益計算書を作成しなさい。なお、当期は、×7年4月1日から×8年3月31日までの1年である。

残 高 試 算 表			（単位：円）
現 金 預 金	300,000	営業外支払手形	610,000
備 品	?		
支 払 利 息	10,000		

［資 料］　決算整理事項等

(1)残高試算表の備品は×8年2月1日に割賦購入した備品に係るものである。備品の現金購入価額は¥600,000、利息総額は¥10,000で、代金の支払いは×8年2月末より毎月末に5回の均等払いとし、5枚の約束手形（1枚の額面¥122,000）を購入時に振り出したが、2月末および3月末の現金での支払いの処理が未処理である。利息は支払利息勘定で処理している。利息の配分は定額法による。

(2)備品は、定額法、耐用年数：4年、残存価額：ゼロ、間接法により行う。

貸 借 対 照 表	（単位：円）
I 流 動 資 産	
現 金 預 金（ 　　　　 ）	
前 払 費 用（ 　　　　 ）	
II 固 定 資 産	
備 　　　 品（ 　　　　 ）	
減価償却累計額（△ 　　　 ）	
⋮ 　　　⋮	
I 流 動 負 債	
営業外支払手形（ 　　　　 ）	

損 益 計 算 書	（単位：円）
III 販売費及び一般管理費	
減 価 償 却 費（ 　　　　 ）	
⋮ 　　　　⋮	
V 営 業 外 費 用	
支 払 利 息（ 　　　　 ）	

Section 2 資本的支出と収益的支出

問題 3 資本的支出と収益的支出

基本 ★★☆☆☆ check!

➡ 解答・解説 P.32

日付	/	/	/
✓			

▼次の取引について仕訳を示しなさい。

1．車両の定期点検を行い、修繕費 ¥50,000 を現金で支払った。
2．本社社屋の改修工事を行い、工事費 ¥3,000,000は小切手を振り出して支払った。なお、そのうち ¥2,000,000は改良(資本的支出)とみなされる。
3．建物の改修工事を行い、工事代金 ¥7,000,000は小切手を振り出して支払った。なお、工事代金のうち ¥2,500,000は耐用年数延長のための支出であり、残りは定期的修繕のための支出である。

	借 方 科 目	金 額	貸 方 科 目	金 額
1				
2				
3				

Section 3 減価償却（定率法・生産高比例法）

問題 4 定額法・定率法

基本 ★★★★★ check!

➡ 解答・解説 P.33

日付	/	/	/
✓			

▼次の取引について仕訳を示しなさい。

当社の保有する建物（取得原価 ¥3,000,000、期首に取得）および備品（取得原価¥90,000、減価償却累計額 ¥30,000）につき減価償却を行う。なお、減価償却は、建物が残存価額¥300,000、耐用年数30年の定額法により行い、備品は償却率30％の定率法により行う。間接法により記帳する。

借 方 科 目	金 額	貸 方 科 目	金 額

問題

生産高比例法

➡ 解答・解説 P.33

日付	/	/	/
✓			

▼次の一連の取引について仕訳を示しなさい。

1．車両運搬具 ¥830,000を購入し、付随費用 ¥20,000とともに現金で支払った。
2．決算にさいし、上記車両運搬具について減価償却を生産高比例法により行う。見積走行可能距離は30,000km、本年度の実際走行距離は6,000km、残存価額は取得原価の10％である。なお、間接法により記帳する。
3．翌期に上記車両運搬具を売却し、¥100,000を小切手で受け取った。なお、売却時の総走行距離は27,500kmである。

	借 方 科 目	金 額	貸 方 科 目	金 額
1				
2				
3				

問題
定率法・生産高比例法

基本 ★★★☆☆ check!

➡ 解答・解説 P.34

日付	/	/	/
✓			

　桃浦路線バス会社（決算日3月31日）は、当期7月1日に、ハイブリッド車2台を購入し、直ちに営業に使用した。各車とも取得原価は¥32,000,000であり、また残存価額はゼロ、耐用年数は10年（定率法による定率0.200）、予定総走行距離は450,000kmと見積もられた。
　当期の実際走行距離は1号車42,300km、2号車55,800kmであった。よって、当該バス2台の当期の減価償却費を（1）定率法と（2）生産高比例法によって求めなさい。

(1) 定率法による減価償却費　　　　　¥

(2) 生産高比例法による減価償却費　　¥

Section

4

買換え

問題

7 **下取りの処理①**

応用 ★★★★★ check!

➡解答・解説 P.35

日付	/	/	/
✓			

▼次の取引について仕訳を示しなさい。

1．営業用の備品(取得原価 ¥200,000)を×8年3月31日下取りに出し、新しい備品(購入価額 ¥270,000)を購入した。なお、旧備品の下取り価額は ¥100,000であり、購入価額との差額は来月末に支払うことにした。旧備品は×3年6月1日に購入し、耐用年数8年、残存価額は取得原価の10%、定額法により減価償却(間接法により記帳)を行ってきた。同社の決算日は12月末日である。

2．当社(決算日3月31日)は、これまで使用していた営業用自動車を神奈川商事に×29年3月31日(当期末)に売却し、代わりに同商事から新しい営業用自動車を¥3,000,000で購入した。旧営業用自動車の売却代金¥900,000を差し引いた残額は、毎月月末に¥300,000ずつ分割で支払うことにした。なお、旧営業用自動車は×26年4月1日に取得し、取得原価は¥2,500,000、減価償却は定率法(償却率20%)により、間接法で適切に行われていて、当期分も処理済みである。

3．当社(決算日3月31日)は、これまで使用していた営業用自動車を八王子商事に×30年4月1日(当期首)に売却し、代わりに同商事から新しい営業用自動車を¥3,700,000で購入した。旧営業用自動車の売却代金¥1,700,000を差し引いた残額は、毎月月末に¥200,000ずつ分割で支払うことにした。なお、旧営業用自動車は×28年4月1日に取得し、取得原価は¥3,500,000、減価償却は定率法(償却率25%)により、間接法で適切に行われている。

	借 方 科 目	金 額	貸 方 科 目	金 額
1				
2				
3				

問題 8 下取りの処理②

基本 ★★★★☆ check!

➡ 解答・解説 P.36

日付	/	/	/
✓			

▼次の取引を仕訳しなさい。

1. 当期首に、旧トラック（取得原価￥3,200,000、減価償却累計額￥2,400,000、間接法）を￥800,000で下取りに出して、営業用のトラック（購入代価）￥3,600,000について小切手￥2,800,000を振り出して購入した。ただし、旧トラックの市場価格（売却時価）は￥500,000である。

2. 当期首に、旧営業車（取得原価￥2,800,000、減価償却累計額￥2,470,000、間接法）を￥450,000で下取りに出して、新営業車（定価）￥3,000,000について小切手￥2,550,000を振り出して購入した。なお、旧営業車の査定価格（売却時価）は￥360,000である。

	借 方 科 目	金 額	貸 方 科 目	金 額
1				
2				

固定資産の除却・廃棄

除却・廃棄

基本 ★★☆☆☆ check!

→ 解答・解説 P.36

日付 / / /

✓

▼次の取引について仕訳を示しなさい。

1．当期首に、取得原価 ¥700,000の備品（減価償却累計額 ¥610,000、間接法）を除却し、除却のための費用 ¥50,000を小切手を振り出して支払った。なお、除却した備品の見積売却価額は ¥40,000である。
2．当期首に、取得原価 ¥950,000の備品（減価償却累計額 ¥850,000、間接法）を廃棄し、廃棄のための費用 ¥70,000を小切手を振り出して支払った。

	借 方 科 目	金 額	貸 方 科 目	金 額
1				
2				

固定資産の滅失

未決算の処理①

基本 ★★★☆☆ check!

→ 解答・解説 P.37

日付 / / /

✓

▼次の一連の取引について仕訳を示しなさい。

1．当期首に、取得原価 ¥20,000,000（既償却額 ¥8,000,000）の建物が火災により滅失した。なお、この建物には ¥15,000,000の火災保険が付されている。また、減価償却は直接法により記帳している。
2．本日、保険会社より、査定の結果¥10,000,000の保険金を支払う旨の連絡があった。

	借 方 科 目	金 額	貸 方 科 目	金 額
1				
2				

▼次の取引について仕訳を示しなさい。

　東洋商事㈱は、当期首に火災により倉庫（取得原価 ¥6,000,000、焼失時の減価償却累計額¥4,050,000、記帳方法は間接法）および保管中の商品（仕入原価 ¥800,000）を焼失したが、これらの資産には保険金 ¥2,000,000の火災保険契約を結んでいたので、ただちに保険会社へ保険金の請求をした。商品売買は三分法による。

借　方　科　目	金　　額	貸　方　科　目	金　　額

▼次の取引を仕訳しなさい。

1．当社は、過日、保険が付してある倉庫（取得原価¥8,400,000、減価償却累計額¥1,890,000）が焼失したので、火災未決算勘定で処理するとともに、保険会社に保険金を請求していたが、本日、保険会社より当該焼失物件に対して保険金額¥5,800,000が決定した旨の通知を受けた。

2．当社は過日、火災により保険付の建物（取得原価¥15,000,000、火災直前の減価償却累計額¥8,640,000）を焼失したので、保険会社に保険金の請求を行っていたところ、保険会社より本日、保険金¥7,200,000を普通預金に振り込んだ旨の通知を受けた。

	借　方　科　目	金　　額	貸　方　科　目	金　　額
1				
2				

Section
7

圧縮記帳

問題
13 圧縮記帳

基本 ★★☆☆☆ check!

➡ 解答・解説 P.39

日付	/	/	/
✓			

▼次の一連の取引につき、圧縮記帳を(1)直接控除方式(2)積立金方式によった場合の仕訳をそれぞれ示しなさい。なお、会計期間は4月1日より始まる1年とする。

1．×3年2月1日に国庫補助金 ¥10,000の交付を受け当座預金に入金された。

2．×3年3月1日に国庫補助金 ¥10,000と自己資金 ¥30,000により機械装置を購入し、代金は小切手を振り出して支払った。機械装置は翌期から使用する。

3．×3年3月31日、決算となり購入した機械装置について国庫補助金相当額の圧縮記帳を行った。

4．×4年3月31日、機械装置の減価償却を、耐用年数を5年、残存価額をゼロとして定額法(間接法)により行う。

(1)直接控除方式

	借 方 科 目	金 額	貸 方 科 目	金 額
1				
2				
3				
4				

(2)積立金方式

	借 方 科 目	金 額	貸 方 科 目	金 額
1				
2				
3				
4				

減損会計

問題

14

減損会計①

基本 ★★☆☆☆ check!

➡ 解答・解説 P.40

日付 / / /
✓

▼次の資料にもとづき、当期末の貸借対照表と損益計算書を完成させなさい。

[資　料]
1. 当社が保有する備品（取得原価¥1,200,000、当期末減価償却累計額¥300,000、間接法）について減損処理を行う。
2. 備品を使用した場合の使用価値は¥520,000である。
3. 当該備品を売却する場合の当期末の正味売却価額は¥480,000である。

貸 借 対 照 表　　（単位：円）
⋮
Ⅱ　固定資産
1.有形固定資産
〔　　　　　　〕（　　　　　）
〔　　　　　　〕（　　　　　）（　　　　　）

損 益 計 算 書　　（単位：円）
⋮
Ⅶ　特 別 損 失
〔　　　　　　〕（　　　　　）

問題

15

減損会計②

応用 ★★☆☆☆ check!

➡ 解答・解説 P.41

日付 / / /
✓

▼次の資料にもとづき、当期末の貸借対照表と損益計算書を完成させなさい。

[資　料]
1. 当社が保有する機械装置（取得原価¥600,000、前期末減価償却累計額¥300,000）について減損の兆候が認められた。
　　機械装置の減価償却は、定額法、耐用年数：10年、残存価額：ゼロにより行う。
2. 機械装置にかかる使用価値は¥140,000と見込まれた。
3. 機械装置を現時点で売却する場合の価額は¥160,000であり、そのための処分費用は¥12,000と見込まれる。

貸 借 対 照 表　　（単位：円）
⋮
Ⅱ　固 定 資 産
1.有形固定資産
機 械 装 置　（　　　　　）
減価償却累計額　（　　　　　）（　　　　　）

損 益 計 算 書　　（単位：円）
⋮
Ⅶ　特 別 損 失
〔　　　　　　〕（　　　　　）

Section

9 無形固定資産

問題 **16** 特許権・のれんの償却

基本 ★★☆☆☆ check!

➡ 解答・解説 P.42

日付	/	/	/
✓			

▼次の取引について仕訳を示しなさい。

1. 当期首に取得した特許権（取得原価 ¥600,000 登録料 ¥16,000）を償却する。なお、償却期間は8年とする。

2. 前期の期首に生じたのれんを償却する。なお、償却期間は20年、当期首の残高は¥380,000であった。

	借 方 科 目	金 額	貸 方 科 目	金 額
1				
2				

問題 **17** 鉱業権の償却

基本 ★☆☆☆☆ check!

➡ 解答・解説 P.43

日付	/	/	/
✓			

▼次の取引について仕訳を示しなさい。

鉱業権 ¥720,000について生産高比例法により償却を行う。なお、鉱石ははじめの10年間は毎年18トン、次の9年は毎年17トン、残りの3年は毎年9トン採掘されるものと予測される。当期の採掘量は19トンであった。

借 方 科 目	金 額	貸 方 科 目	金 額

問題 18 ソフトウェア

応用 ★★★☆☆ check!

日付	/	/	/
✓			

➡解答・解説 P.43

▼次の取引に基づき、当期の貸借対照表および損益計算書を作成しなさい。なお、当期は、×7年4月1日から×8年3月31日までの1年である。

(1)×7年11月1日にソフトウェアA¥100,000を購入し、自社用にカスタマイズするための費用¥20,000とともに現金で支払った。このソフトウェアは定額法により5年間で償却する。

(2)当期に社内でソフトウェアBを制作しているが、当期末において未完成である。このソフトウェアBにかかった費用¥60,000は仮払金で処理している。

貸 借 対 照 表 　　（単位：円）

Ⅱ　固定資産
　2　無形固定資産
　　（　　　　　　　）（　　　　　　）
　　（　　　　　　　）（　　　　　　）

損 益 計 算 書 　　（単位：円）

Ⅲ 販売費及び一般管理費
　ソフトウェア償却（　　　　　　　）

投資その他の資産

 投資不動産

基本 ★★★☆☆ check!

➡ 解答・解説 P.44

日付	/	/	/
✓			

▼次の資料に基づいて、当期末における貸借対照表および当期の損益計算書を完成しなさい。なお、会計期間は×8年3月31日を決算日とする1年間である。

(I) 決算整理前残高試算表

決算整理前残高試算表

×8年3月31日 （単位：円）

建 物	1,880,000	建物減価償却累計額	676,800
		受 取 家 賃	135,000

(II) 未処理事項及び決算整理事項
　　当期末において所有する建物は次のとおりである。

	用　途	取得価額	備　考
建物甲	営業目的	¥1,880,000	
建物乙	投資目的	?	下記(1)参照

(1) 当期首に投資目的で建物乙（購入価格¥4,500,000、仲介手数料¥150,000）を取得し、代金は小切手を振り出して支払ったが未処理となっている。
(2) 決算につき、建物について定額法により減価償却を行う。
　　建物甲：残存価額　取得価額の10%　　耐用年数　50年
　　建物乙：残存価額　ゼロ　　　　　　　耐用年数　30年

<table>
<tr><td colspan="2">貸 借 対 照 表 （単位：円）</td><td colspan="2">損 益 計 算 書 （単位：円）</td></tr>
<tr><td colspan="2">I 固 定 資 産</td><td colspan="2">III 販売費及び一般管理費</td></tr>
<tr><td colspan="2">1. 有形固定資産</td><td colspan="2">減 価 償 却 費（　　　　　）</td></tr>
<tr><td>建　　物</td><td>（　　　　　）</td><td colspan="2">：</td></tr>
<tr><td>減価償却累計額</td><td>（ △　　　　）</td><td colspan="2">IV 営業外収益</td></tr>
<tr><td>：</td><td>：</td><td colspan="2">受 取 家 賃（　　　　　）</td></tr>
<tr><td colspan="2">3. 投資その他の資産</td><td colspan="2">：</td></tr>
<tr><td>〔　　　　　〕</td><td>（　　　　　）</td><td colspan="2">V 営業外費用</td></tr>
<tr><td>減価償却累計額</td><td>（ △　　　　）</td><td>〔　　　　　〕</td><td>（　　　　　）</td></tr>
</table>

Chapter 8
とおるポイント

繰延資産

●繰延資産とは

会社設立のための費用や開業準備のための費用など、支出の効果が将来にわたって発現すると期待される費用をいいます。

繰延資産の処理

原則　支出した期間の負担として、全額を費用計上する

容認　繰延資産として貸借対照表に計上し、その後数年にわたって償却する

●繰延資産の種類

繰延資産の種類とその償却年数および償却費の表示場所(損益計算書上)

種　　類	償　却　年　数	償却費の表示場所
創　立　費	5年以内に償却	営　業　外　費　用※
開　業　費	5年以内に償却	
株　式　交　付　費	3年以内に償却	
社　債　発　行　費	社債の償還期間内に償却	
開　　発　　費	5年以内に償却	売上原価または販売費及び一般管理費

※　開業費償却については、販売費及び一般管理費の区分に表示することもできます。

●繰延資産の償却

処理方法…

　金額の計算…月割りで償却します。
　最長償却期間は、株式交付費は3年、社債発行費は社債の償還期間、それ以外は5年として覚えましょう。

　処理方法…直接法(繰延資産を直接減らします)。借方は、繰延資産の名称の後に「償却」を付して示します(例／創立費償却、開業費償却)。

繰延資産として計上する場合「○○を繰延資産として計上する」と指示が入ります。

繰延資産

問題
1

創立費・開業費

基本	★★☆☆☆	check!
➡解答・解説 P.45		

日付	/	/	/
✓			

▼次の一連の取引について仕訳を示しなさい。

なお、繰延資産の償却については**最長償却期間にわたり月割償却する**。

1．期首に会社の設立にさいし、株式発行費用として ¥740,000を小切手を振り出して支払った。繰延資産として計上する。

2．会社の設立後（期首から3カ月経過後）に開業準備費用として、土地の賃借料および使用人の給料 ¥1,890,000を現金で支払った。繰延資産として計上する。

3．開業後1回目の決算日が到来したので、上記の創立費と開業費について償却を行う。

	借 方 科 目	金 額	貸 方 科 目	金 額
1				
2				
3				

問題 2 　創立費・開業費・開発費

▼以下に示す⑴決算整理前残高試算表と、⑵繰延資産に関する資料にもとづいて、×6年度の決算日（×7年3月31日）における繰延資産についての仕訳を示しなさい。

⑴決算整理前残高試算表

残高試算表
×7年3月31日

繰延創立費	175,000
繰延開業費	500,000
繰延開発費	2,000,000

⑵繰延資産に関する資料

①創立費は×3年1月1日に会社の設立にさいし支出したものである。
②開業費は×3年4月1日に開業準備のために支出したものである。
③開発費は×6年10月1日に新技術の採用のために支出したものである。
④繰延資産については最長償却期間にわたり償却しており、過年度の償却については適正に行われている。

借 方 科 目	金 額	貸 方 科 目	金 額

問題 3 　開発費

▼次の取引を仕訳しなさい。

当社（決算日12月31日）は当期首に、新商品の市場を開拓するために、特別の広告宣伝のため広告代理店に¥4,200,000を支払ったが、本日決算にあたり当該支出額を繰延処理することとして、その効果の及ぶ3年で定額法により償却する。

借 方 科 目	金 額	貸 方 科 目	金 額

Chapter 9
とおるポイント

さまざまな引当金

●退職給付引当金

設 定 時

決算にさいし、退職給付の当期負担分 ¥60,000 を見積計上した。

┌費用の発生　　　　　　　　　　┌負債の増加
(借)退 職 給 付 費 用　　60,000　　(貸)退職給付引当金　　60,000

退職一時金支払時

社員のX氏が退職したので、退職金 ¥60,000 を現金で支払い、前期から繰り越された退職給付引当金 ¥60,000 を取り崩した。

┌負債の減少
(借)退職給付引当金　　60,000　　(貸)現　　　　　　金　　60,000

●商品保証引当金

決 算 時

当期に販売した商品の保証費用 ¥5,000 を見積計上した。

┌費用の発生　　　　　　　　　　┌負債の増加
(借)商品保証引当金繰入　　5,000　　(貸)商品保証引当金　　5,000

保証対応時

上記について修理の申し出を受け応じたため、修理費用 ¥3,500 を現金で支払った。

┌負債の減少
(借)商品保証引当金　　3,500　　(貸)現　　　　　　金　　3,500

保証期間終了時

前期に販売した上記商品の品質保証期限が経過したため、商品保証引当金の残額 ¥1,500 を取り崩すことにした。

┌負債の減少
(借)商品保証引当金　　1,500　　(貸)商品保証引当金戻入　　1,500

●債務保証損失引当金

設 定 時

決算にさいし、債務保証損失引当金¥80,000 を見積計上した*。

(借)債務保証損失引当金繰入　　80,000　　(貸)債務保証損失引当金　　80,000
　　└営業外費用または特別損失　　　　　　　　└流動負債または固定負債

＊　1級では、設定時の処理を押さえれば十分です！.!

1級合格のための2級の基礎知識

問題 **1** 賞与引当金・修繕引当金

基本 ★★★☆☆ check!

➡ 解答・解説 P.48

日付	/	/	/
✓			

▼次の取引を仕訳しなさい。

1. 当社は決算（×19年9月30日）にあたり、従業員賞与を支給対象期間にもとづいて引当計上する。なお、×19年12月20日支給日の賞与の支給対象期間は、×19年6月1日から×19年11月30日までであり、当該支給見込額は¥5,160,000である。

2. 当社（決算日12月31日）は、定期的に行う店舗の空調設備に対する修繕を前期は営業の都合で当期に延期していたが、本日当該設備の修繕が完了し、修繕料¥1,280,000を天城修繕会社に小切手を振り出して支払った。なお、前期末に当該修繕のために修繕引当金¥1,150,000を見積り計上してある。

	借方科目	金額	貸方科目	金額
1				
2				

Section 1 さまざまな引当金

 問題 2 **退職給付引当金**

基本 ★★★☆☆ check!

→解答・解説 P.49

日付	/	/	/
✓			

▼次の取引について仕訳を示しなさい。

1．決算にあたり、退職給付の当期負担分 ¥600,000 を計上した。
2．退職者に対し、退職金 ¥500,000 を小切手を振り出して支払い、退職給付引当金を同額取り崩した。

	借 方 科 目	金 額	貸 方 科 目	金 額
1				
2				

 問題 3 **修繕引当金と資本的支出・収益的支出**

基本 ★★★☆☆ check!

→解答・解説 P.49

日付	/	/	/
✓			

▼次の取引について仕訳を示しなさい。

建物について定期修繕を行い、代金 ¥2,000,000は小切手を振り出して支払った。なお、この修繕のためにすでに修繕引当金 ¥1,800,000 が設定されている。また、これと同時に、耐用年数を延長するため、外壁を強化する改良工事もあわせて行い、この代金 ¥4,500,000 は月末に支払うことにした。

借 方 科 目	金 額	貸 方 科 目	金 額

▼次の一連の取引について仕訳を示しなさい。

1．当社では引渡商品に対する欠陥について、引渡後1年間無償で修理すべき旨の保証契約を得意先と結んでいる。決算にさいし、当期売上高￥1,320,000に対して、過去の実績に基づき0.5％の商品保証引当金を見積計上する。

2．翌期において得意先に対し商品修理による保証を行い、修理費用￥4,500を現金で支払った。なお、この保証は前期の売上を対象としたものである。

3．翌期末の決算において、保証期限の1年が経過したため、商品保証引当金の残額を取り崩すことにした。

	借 方 科 目	金 額	貸 方 科 目	金 額
1				
2				
3				

▼次の取引に基づき、当期の貸借対照表および損益計算書を作成しなさい。なお、当期は、×7年4月1日から×8年3月31日までの1年である。

　X社が銀行から￥1,000,000の借入れ（返済日：×8年9月30日）を行うにあたり、当社はX社の借入金返済の保証人になった。当期末において、X社の財政状態が悪化し、X社が支払不能となり翌期に当社が債務の返済を引き受ける可能性が高くなった。そのため、借入額￥1,000,000から回収見積額￥100,000を控除した額を債務保証損失引当金として計上する。なお、債務保証損失引当金繰入は特別損失の区分に表示する。

貸 借 対 照 表 　（単位：円）
Ⅱ 流　動　負　債
債務保証損失引当金（　　　　　　）

損 益 計 算 書 　（単位：円）
Ⅶ 特　別　損　失
債務保証損失引当金繰入（　　　　　　）

Chapter 10
とおるポイント

社債

●社債

企業は、社債券という有価証券を発行し、一般大衆から資金を調達することができます。この
さいに生じる債務を社債といいます。

発 行 時

×7年1月1日　社債額面総額　¥2,000,000（償還期間5年、年利率4％、
利払日6月、12月の各末日）を　@¥100につき　@¥96で発行し、払込金
額を当座預金とした。償却原価法（定額法）を採用している。なお、社債の
発行に要した諸費用　¥180,000は現金で支払い、繰延資産として計上した。

┌負債の増加
（借）当 座 預 金 1,920,000*　　（貸）社　　　　　債　 1,920,000
（借）繰延社債発行費　 180,000　　（貸）現　　　　　金　　 180,000
　　　└資産の増加

$$* \quad ¥2,000,000 \times \frac{@¥96}{@¥100} = ¥1,920,000$$

利息の支払時

×7年6月30日　第1回目の利払日につき、社債利息を小切手を振り出し
て支払った。

┌費用の発生
（借）社 債 利 息　 40,000*　　（貸）当 座 預 金　　 40,000

$$* \quad ¥2,000,000 \times 4\% \times \frac{6\,カ月}{12\,カ月} = ¥40,000$$

支払利息勘定にしないように注意してください。

決 算 時

×7年12月31日　第2回目の利払日につき、社債利息を小切手を振り出し
て支払った。また、本日決算日につき、定額法により償却額の計上と社債
発行費の償却を行う。なお、社債発行費は社債の償還期間にわたって定額
法により償却する。

┌費用の発生
（借）社 債 利 息　 40,000　　（貸）当 座 預 金　　 40,000
　　　┌費用の発生　　　　　　　　　　┌負債の増加
（借）社 債 利 息　 16,000*¹　　（貸）社　　　　　債　　 16,000
（借）社債発行費償却　 36,000*²　　（貸）繰延社債発行費　 36,000
　　　└費用の発生　　　　　　　　　　　　└資産の減少

$$*1 \quad (¥2,000,000 - ¥1,920,000) \times \frac{12\,カ月}{60\,カ月} = ¥16,000$$

$$*2 \quad ¥180,000 \times \frac{12\,カ月}{60\,カ月} = ¥36,000$$

償却原価法は、社債の発行価額と額面金額との差（利息に相当する）を、各会
計期間の利息として分割して計上する手続き。

リース会計

●ファイナンス・リース取引

```
                        ┌─ 所有権移転 ──→ 売買処理
        ┌ ファイナンス・リース取引 ┤
リース取引 ┤               └─ 所有権移転外 ──→ 売買処理
        └ オペレーティング・リース取引 ──────────→ 賃貸借処理
```

リース契約締結時

期首にA社と機械の所有権移転外ファイナンス・リース契約を年間のリース¥12,000（毎年期末払い）、期間5年の条件で締結した。なお、リース料総額¥60,000、見積現金購入価額¥57,000である。

①利子抜き法による場合

| (借)リ ー ス 資 産 | 57,000 | (貸)リ ー ス 債 務 | 57,000 |

└見積現金購入価額

②利子込み法による場合

| (借)リ ー ス 資 産 | 60,000 | (貸)リ ー ス 債 務 | 60,000 |

└リース料総額

リース料支払時

期末になり、リース料¥12,000を当座預金より支払った。なお、利子抜き法による場合の利息¥3,000の配分は定額法によること。

①利子抜き法による場合

┌ ¥12,000 － ¥600 ＝ ¥11,400

| (借)リ ー ス 債 務 | 11,400 | (貸)当 座 預 金 | 12,000 |
| 支 払 利 息 | 600 | | |

└ ¥3,000 ÷ 5年 ＝ ¥600

②利子込み法による場合

| (借)リ ー ス 債 務 | 12,000 | (貸)当 座 預 金 | 12,000 |

└リース料総額

決 算 時

期末になり、リース資産(所有権移転外)の減価償却を定額法(間接法)により行う。リース期間は5年、機械の耐用年数は6年、残存価額はゼロである。

①利子抜き法による場合

┌ ¥57,000 ÷ 5年 ＝ ¥11,400

| (借)減 価 償 却 費 | 11,400 | (貸)リース資産減価償却累計額 | 11,400 |

②利子込み法による場合

| (借)減 価 償 却 費 | 12,000 | (貸)リース資産減価償却累計額 | 12,000 |

└ ¥60,000 ÷ 5年 ＝ ¥12,000

所有権移転外ファイナンス・リース取引ではリース期間、所有権移転ファイナンス・リース取引では耐用年数にわたり償却します。

●オペレーティング・リース取引

リース料支払時

期首にA社と行った機械のオペレーティング・リース契約について年間のリース料¥12,000（毎年期末払い）を当座預金より支払った。

(借)支払リース料　　12,000　　　(貸)当　座　預　金　　12,000

3 資産除去債務

●資産除去債務

取　得　時

×1年4月1日に備品¥10,000を取得し、代金は現金で支払った。当社には備品を使用後に除去する義務がある。この備品の除去に際し必要な費用として、¥2,000を負債に計上する。

(借)備　　　　　品　　12,000　　　(貸)現　　　　　金　　10,000
　　　　　　　　　　　　　　　　　　　資 産 除 去 債 務　　2,000
　　　　　　　　　　　　　　　　　　　└除去費用

決　算　時

期末になり、備品の減価償却を定額法（間接法）により行う。備品の耐用年数は3年、残存価額はゼロである。

┌¥12,000÷3年＝¥4,000
(借)減 価 償 却 費　　4,000　　　(貸)備品減価償却累計額　　4,000

除　去　時

×4年3月31日に備品を除去し、除去費用¥2,000を現金で支払った。
(借)減 価 償 却 費　　4,000　　　(貸)備品減価償却累計額　　4,000
(借)備品減価償却累計額　12,000　　　(貸)備　　　　　品　　12,000
(借)資 産 除 去 債 務　　2,000　　　(貸)現　　　　　金　　2,000

問題
1

社債の処理（発行時）

基本 ★★★★☆　check!
➡ 解答・解説 P.51

日付	/	/	/
✓			

▼次の取引について仕訳を示しなさい。

　大分商事株式会社は、額面総額 ¥50,000,000　利率年3％、利払日年2回（3月と9月の末日）の社債を ¥100につき ¥96で発行し、全額の払込みを受け、払込金を当座預金とした。社債の金額は、払込額の総額とする。社債発行に要した諸費用 ¥300,000は、小切手を振り出して支払った。

借　方　科　目	金　　額	貸　方　科　目	金　　額

問題
2

社債の処理（一連の流れ）

応用 ★★★★★　check!
➡ 解答・解説 P.51

日付	/	/	/
✓			

▼次の一連の取引について仕訳を示しなさい。

1．×4年7月1日に社債額面総額 ¥3,000,000（年利率9％、利払日6月末日、償還期間5年）を ＠¥100につき ＠¥97で発行し、払込金額を当座預金とした。償却原価法（定額法）を採用している。なお、社債の発行に要した諸費用 ¥60,000は現金で支払い、繰延資産として計上した。

2．×4年12月31日、決算（会計期間は1年）につき、上記社債の利息の見越計上、償却額の計上及び社債発行費の償却を行った。償却額は社債利息として処理する。社債発行費については、社債の償還期間にわたって定額法により償却する。

	借　方　科　目	金　　額	貸　方　科　目	金　　額
1				
2				

問題 **3** **社債の処理（発行時、決算時）**

基本 ★★★★★ check!

→解答・解説 P.52

日付 / / /
✓

▼次の各取引について仕訳を示しなさい。

1．秋田物産株式会社（決算年1回　3月31日）は、額面総額￥30,000,000の社債を、発行価額＠￥98.50　利率年8％　利払い年2回　償還期間10年の条件で発行し、全額の払込みを受け、払込金は当座預金とした。なお、社債発行のための諸費用￥380,000を小切手を振り出して支払い、全額繰延資産として計上した。

2．倉敷商事株式会社（決算年1回3月末日）は、決算にあたり、次の条件で発行していた社債について、償却原価法による処理および繰延資産に計上した社債発行費の第3回目の償却を行った。ただし、償却原価法は定額法によって処理し、社債の発行に要した諸費用￥720,000は償還までの期間にわたって定額法で償却している。また、利払日をむかえたので社債の利息を現金で支払ったが未処理であった。

　　額面総額　￥80,000,000　利　　率　年7.5%　利払い　年2回
　　発行価額　＠￥98　　　　償還期間　8年　　　（3月末日、9月末日）

3．当社（決算日12月31日）は、当期首に、額面総額￥3,000,000の社債を発行価額￥100につき￥101.8、償還期限3年、利率年2.0%、利払日は12月末の年1回の条件で発行した。本日、利息を現金で支払うとともに、決算にあたり必要な処理を行う。なお、額面価額と発行価額の差額は、金利の調整であり、償却原価法(定額法)による。

	借　方　科　目	金　　額	貸　方　科　目	金　　額
1				
2				
3				

リース会計

ファイナンス・リース取引①

基本 ★★★★★ check!

→解答・解説 P.53

日付	/	/	/
✓			

▼次の各取引について仕訳を示しなさい。

1. コピー機を年間リース料￥1,200,000（後払い）、期間5年間の条件でリース（ファイナンス・リース取引）を用いて調達することとした。なお、会計処理は利子込み法によること。

2. 当社は、当期首に、以下の条件のリース契約を締結し、リース物件（備品）の引き渡しを受け、利子抜き法によって計上した。本日、決算日（1年決算）につき、必要な処理を行う。
   (1) リース期間　4年
   (2) 年間リース料　￥120,000（毎期末に現金で支払う。）
   (3) 見積現金購入価額　￥450,000
   (4) 利息相当額の配分方法　定額法
   (5) リース物件の減価償却方法　定額法（記帳は間接法によっている。）
   (6) 当該リース物件は所有権移転外ファイナンス・リースに該当する。

3. 当社は、当期首に、以下の条件のリース契約を締結し、リース物件（コピー機）の引き渡しを受け、利子抜き法によって計上した。本日決算日（1年決算）につき、必要な処理を行う。
   (1) リース期間　5年
   (2) 年間リース料　￥240,000（毎期末に現金で支払う。）
   (3) 見積現金購入価額　￥1,050,000
   (4) 利息相当額の配分方法　定額法
   (5) リース物件の減価償却方法　定額法（記帳は間接法によっている。）
   (6) 当該リース物件は所有権移転外ファイナンス・リースに該当する。

	借　方　科　目	金　　額	貸　方　科　目	金　　額
1				
2				
3				

▼次の取引に基づき、リース資産の計上額を(1)利子抜き法によった場合、(2)利子込み法によった場合の当期の貸借対照表および損益計算書をそれぞれ作成しなさい。なお、当期は、×7年4月1日から×8年3月31日までの1年である。金額がゼロの場合には、「0」と記入すること。

×7年4月1日に次の条件でリース契約を結んだ。

　　リース物件：備品(経済的耐用年数：5年)

　　解約不能のリース期間：3年

　　リース料：年額¥1,200 (年1回3月31日当座預金より支払い)

　　　なお、このリース契約は、所有権移転外ファイナンス・リースに該当する。また、リース資産の見積現金購入価額は¥3,000である。

　　減価償却は定額法(間接法)による。

×8年3月31日にリース料¥1,200を当座預金口座より支払った。

(1)利子抜き法による場合

貸 借 対 照 表 (単位：円)		
Ⅱ 固　定　資　産		
リ ー ス 資 産 (		)
減価償却累計額(△		)
：		：
Ⅰ 流　動　負　債		
リ ー ス 債 務 (		)
Ⅱ 固　定　負　債		
リ ー ス 債 務 (		)

損 益 計 算 書 (単位：円)	
Ⅲ 販売費及び一般管理費	
減 価 償 却 費 (	)
：	：
Ⅴ 営　業　外　費　用	
支 払 利 息 (	)

(2)利子込み法による場合

貸 借 対 照 表 (単位：円)		
Ⅱ 固　定　資　産		
リ ー ス 資 産 (		)
減価償却累計額(△		)
：		：
Ⅰ 流　動　負　債		
リ ー ス 債 務 (		)
Ⅱ 固　定　負　債		
リ ー ス 債 務 (		)

損 益 計 算 書 (単位：円)	
Ⅲ 販売費及び一般管理費	
減 価 償 却 費 (	)
：	：
Ⅴ 営　業　外　費　用	
支 払 利 息 (	)

3 資産除去債務

問題 6 **資産除去債務**

基本	★★☆☆☆	check!	日付	/	/	/
➡解答・解説 P.57			✓			

▼ NS工業株式会社は、×1年4月1日に備品Xを¥150,000で購入し、小切手を振り出して支払い、同日より使用を開始した。なお、当該備品は、使用後の除去にあたって法令により¥30,000を支出しなければならない義務がある。

当該備品の耐用年数は3年、残存価額はゼロ、定額法（記帳は間接法）により減価償却を行う。

以上をふまえて、次の(1)～(4)の日付における取引にもとづいて、×1年度（×1年4月1日～×2年3月31日）の貸借対照表および損益計算書、×3年度（×3年4月1日～×4年3月31日）の損益計算書を完成させなさい。ただし、同社の決算日は毎年3月31日とする。

(1) ×1年4月 1日　　取得時における必要な仕訳を行う。
(2) ×2年3月31日　　決算につき、必要な仕訳を行う。
(3) ×3年3月31日　　決算につき、必要な仕訳を行う。
(4) ×4年3月31日　　備品Xを除去した。除去にかかる支出¥30,000を小切手を振り出して支払った。

貸 借 対 照 表

×2年3月31日　　　　　　　　　　（単位：円）

Ⅱ　固定資産		Ⅱ　固定負債	
1.有形固定資産		資産除去債務	（　　　　）
備　　　品（　　　　）			
減価償却累計額（△　　　　）（　　　　）			

損 益 計 算 書

×1年4月1日～×2年3月31日　（単位：円）

Ⅲ　販売費及び一般管理費	
減 価 償 却 費	（　　　　　　）

損 益 計 算 書

×3年4月1日～×4年3月31日　（単位：円）

Ⅲ　販売費及び一般管理費	
減 価 償 却 費	（　　　　　　）

Chapter 11
とおるポイント

株主資本等の分類

●純資産の部の分類

貸借対照表の純資産の部は、以下のように分類されます。

```
純資産の部 ─┬─ 株主資本 ─┬─ 資 本 金
            │            │
            │            ├─ 資本剰余金 ─┬─ 資本準備金
            │            │             └─ その他資本剰余金 ── 資本金及び資本準備金減少差益
            │            │
            │            └─ 利益剰余金 ─┬─ 利益準備金
            │                          │
            │                          └─ その他利益剰余金 ─┬─ 任意積立金
            │                                              └─ 繰越利益剰余金
            │
            └─ 評価・換算差額等 ── その他有価証券評価差額金
```

株式の発行と株主資本間の振替え

●資本金の組入額と株式発行費用

株式の発行についてまとめると、次のとおりです。

	設　　立	増　　資
原　則	払込金額の総額を資本金とする。	
容　認	払込金額の$\frac{1}{2}$を資本金の最低組入額とし、資本金としない金額を資本準備金（株式払込剰余金）とする。	
株式発行費用	創　立　費	株式交付費

●具体的処理

①申込時

（借）別 段 預 金	600,000	（貸）新株式申込証拠金	600,000

②効力発生日（別段預金残高は当座預金口座に振り替えるものとする。）

（借）新株式申込証拠金	600,000	（貸）資 本 金	300,000
		資 本 準 備 金	300,000
（借）当 座 預 金	600,000	（貸）別 段 預 金	600,000

Section 3 会社の合併・買収

●**合併の処理**

1. 受入純資産額＜増加資本の場合

（借）諸　　資　　産	850,000	（貸）諸　　負　　債	300,000
の　　れ　　ん	50,000	資　　本　　金	600,000

└資産の増加　　　　　　　　　　　　└純資産の増加

2. 受入純資産額＞増加資本の場合

（借）諸　　資　　産	850,000	（貸）諸　　負　　債	300,000
		資　　本　　金	500,000
		負ののれん発生益	50,000

└収益の発生

受入純資産額＜増加資本……のれん（資産）を計上
受入純資産額＞増加資本……負ののれん発生益（収益）を計上

Section 4 剰余金の配当

●剰余金の配当

剰余金の配当とは、株式会社が獲得した利益(の一部)を株主に支払うことです。

決 算 時

×8年3月31日　A社（資本金：¥2,000,000、資本準備金：¥125,000、利益準備金：¥100,000）は第1期決算において、当期純利益 ¥800,000を損益勘定から繰越利益剰余金勘定に振り替えた。

純資産の増加

（借）損　　　　益　　800,000　　（貸）繰越利益剰余金　　800,000

剰余金の配当時

×8年6月24日　定時株主総会において、繰越利益剰余金 ¥800,000につき以下の剰余金の配当が決定された。

利益準備金：¥55,000　　株主配当金：¥550,000

純資産の減少　　　　　　　　　　純資産の増加

（借）繰越利益剰余金　　605,000　　（貸）利 益 準 備 金　　55,000

未 払 配 当 金　　550,000

負債の増加

利益準備金は、剰余金の配当として社外支出する金額の$\frac{1}{10}$を、資本準備金と利益準備金の合計額が資本金の$\frac{1}{4}$に達するまで積み立てます。

①株主への配当の10分の1：$¥550,000 \times \frac{1}{10} = ¥55,000$

②利益準備金積立可能額：

$¥2,000,000 \times \frac{1}{4} - (¥125,000 + ¥100,000) = ¥275,000$

①¥55,000＜②¥275,000より、

∴利益準備金積立額　¥55,000

その他資本剰余金から配当した場合には、資本準備金を積み立てます。

翌決算時

×9年3月31日　第2期決算において、当期純利益 ¥930,000を計上した。

（借）損　　　　益　　930,000　　（貸）繰越利益剰余金　　930,000

第2期における繰越利益剰余金勘定は、次のとおりです。

繰越利益剰余金

剰余金の配当	605,000	前期繰越	800,000
	1,125,000	損　　益	930,000

●株主資本等変動計算書

決算や剰余金の配当に伴う株主資本等の変動は、株主資本等変動計算書の当期変動額として記載します。第2期における株主資本等変動計算書は、次のとおりです。

株 主 資 本 等 変 動 計 算 書

(単位：円)

	株　　主　　資　　本					純資産合　計
	資本金	資本準備金	利益準備金	繰越利益剰余金	株主資本合　計	
当 期 首 残 高	2,000,000	125,000	100,000	800,000	3,025,000	3,025,000
当 期 変 動 額						
剰余金の配当			55,000	△605,000	△550,000	△550,000
当 期 純 利 益				930,000	930,000	930,000
当期変動額合計			55,000	325,000	380,000	380,000
当 期 末 残 高	2,000,000	125,000	155,000	1,125,000	3,405,000	3,405,000

5 損失の処理・欠損てん補

●欠損てん補

B社は×8年3月31日　第1期決算において、当期純損失 ¥450,000を計上した。

　　　　　┌純資産の減少
　　(借)繰越利益剰余金　450,000　　(貸)損　　　　益　450,000

欠損 ¥200,000を任意積立金によりてん補した。

　　　　　┌純資産の減少　　　　　　　　　┌純資産の増加
　　(借)任 意 積 立 金　200,000　　(貸)繰越利益剰余金　200,000

欠損 ¥250,000のてん補のため、利益準備金 ¥250,000を取り崩した。

　　　　　┌純資産の減少　　　　　　　　　┌純資産の増加
　　(借)利 益 準 備 金　250,000　　(貸)繰越利益剰余金　250,000

株主資本等の分類

純資産の部の構成

基本 ★★☆☆☆ check!

➡ 解答・解説 P.58

日付	/	/	/
✓			

▼次の貸借対照表の一部(純資産の部)について、(イ)~(チ)に適切な語句または数値を記入しなさい。

```
              純 資 産 の 部        (単位：千円)
   Ⅰ 株 主 資 本
    1 資    本    金                        1,500,000
    2 資 本 剰 余 金
      (1) (     イ     )         150,000
      (2) その他(   ロ   )  (    ヘ    )    200,000
    3 利益(    ハ    )
      (1) (     ニ     )         100,000
      (2) (     ホ     )
            任 意 積 立 金       125,000
            繰 越 利 益 剰 余 金  (   ト   )   300,000
   Ⅱ (      チ      )
        その他有価証券評価差額金              100,000
                                         2,100,000
```

イ		ロ		ハ	
ニ		ホ		ヘ	
ト		チ			

2　株式の発行と株主資本間の振替え

増資時の株式発行

基本 ★★★★★　check!
→ 解答・解説 P.58

日付	/	/	/
✓			

▼次の取引を仕訳しなさい。

　当社は、新株6,000株を公募により発行し、払込期日である本日までに1株につき2,500円の払い込みを受け、当該払込金全額を当座預金とした。ただし、払込額の2分の1は資本金として計上しないこととする。
（注）会社法により、新株発行による払込資本は、株主による払込額とする。

借　方　科　目	金　　　額	貸　方　科　目	金　　　額

新株式申込証拠金の処理

応用 ★★★☆☆　check!
→ 解答・解説 P.59

日付	/	/	/
✓			

▼次の一連の取引について仕訳を示しなさい。

1．新宿商事株式会社は、取締役会の決議により未発行株式のうち 2,800 株を1株の発行価額 ¥80,000 で募集し、払込期日に全株式が申し込まれたので、払込金額の全額を申込証拠金として受け入れ、別段預金とした。
2．払込期日に、株式申込証拠金を資本金へ振り替えるとともに、別段預金を当座預金へ振り替えた。なお、資本金に組み入れる金額は、「会社法」で認められている最低額とする。

	借　方　科　目	金　　　額	貸　方　科　目	金　　　額
1				
2				

▼次の取引について仕訳を示しなさい。なお、勘定科目は以下の中から最も適切なものを選ぶこと。

1．会社の事業の縮小に伴い資本金￥600,000を減少させるとともに、株主へ￥580,000の払戻しを行い当座預金口座より支払った。
2．配当財源を確保するために、資本準備金￥100,000を減少させ資本準備金減少差益に振り替えた。

勘定科目

現　　　　　金	当　座　預　金	資　　本　　金	資　本　準　備　金
利　益　準　備　金	繰越利益剰余金	資本金減少差益	資本準備金減少差益

	借　方　科　目	金　　額	貸　方　科　目	金　　額
1				
2				

会社の合併・買収

問題
5

合　併

基本 ★★★☆☆ check!
➡ 解答・解説 P.60

日付	/	/	/
✓			

▼泉興業㈱は、松浦産業㈱を吸収合併した。合併によって引き継いだ松浦産業㈱の資産総額は ¥85,000,000、負債総額は ¥43,000,000 である。次の問に答えなさい。

1．合併にさいし、株式 900株（1株の発行価額 ¥50,000）を交付した場合の仕訳を示しなさい。なお、増加資本の全額を資本金として処理する。
2．合併にさいし、株式 800株（1株の発行価額 ¥50,000）を交付した場合の仕訳を示しなさい。なお、増加資本の全額を資本金として処理する。

	借　方　科　目	金　　額	貸　方　科　目	金　　額
1				
2				

問題
6

買　収

基本 ★★★☆☆ check!
➡ 解答・解説 P.60

日付	/	/	/
✓			

▼次の一連の取引について仕訳を示しなさい。

1．山梨クリーニング㈱は、期首に同業他社の支店を ¥8,000,000 で買収し、その代金を小切手を振り出して支払った。なお、譲り受けた資産・負債は、建物 ¥3,000,000、土地 ¥6,000,000 および借入金 ¥2,000,000 であった。
2．1の後、決算をむかえたので、のれんを償却する（20年均等償却）。

	借　方　科　目	金　　額	貸　方　科　目	金　　額
1				
2				

問題 **7** 配当の決議・支払い・
利益の振替えと勘定記入

基本 ★★★☆☆ check!

➡解答・解説 P.61

日付	/	/	/
✓			

▼(1)次の取引の仕訳を示しなさい。(会計期間は4月1日から3月31日までの1年とする)なお、第1期(前期)から繰り越された繰越利益剰余金は¥3,940,000である。

①定時株主総会(6月30日)において、次の剰余金の配当等が決定された。
　　利益準備金　¥240,000　　株主配当金　¥2,400,000
　　別途積立金　¥710,000

②翌日、株主配当金を当座預金より支払った。

③第2期決算にあたり、当期純利益¥8,940,000を計上した。

▼(2) (1)の仕訳にもとづいて解答欄の繰越利益剰余金勘定を記入し、締め切りなさい。

(1)

	借　方　科　目	金　　額	貸　方　科　目	金　　額
①				
②				
③				

(2)

繰越利益剰余金

6/30	利益準備金		4/1	前期繰越	3,940,000
〃	未払配当金				
〃	別途積立金				

→ 解答・解説 P.62

問題 8　配当の決議・支払い・利益の振替えと株主資本等変動計算書の記入

応用　★★★☆☆　check!

日付	/	/	/
✓			

▼(1)次の取引について仕訳を示しなさい。なお、第1期（前期）から繰り越された繰越利益剰余金は ¥3,580,000である。

①定時株主総会において、次の剰余金の配当が決定された。
　　利益準備金　¥230,000　　株主配当金　¥2,300,000
②翌日、株主配当金を当座預金により支払った。
③第2期決算にあたり、当期純利益 ¥3,880,000を計上した。

▼(2)第2期決算における株主資本等変動計算書を作成しなさい。

(1)

	借　方　科　目	金　　額	貸　方　科　目	金　　額
①				
②				
③				

(2)

株主資本等変動計算書　　　　　　（単位：千円）

	資本金	資本剰余金 資本準備金	利益剰余金 利益準備金	その他利益剰余金 任意積立金	その他利益剰余金 繰越利益剰余金	株主資本合計	純資産合計
当 期 首 残 高	15,000	400	200	100			
当 期 変 動 額							
剰余金の配当							
当 期 純 利 益							
当期変動額合計							
当 期 末 残 高							

問題 9 準備金の積立

▼次の取引について仕訳を示しなさい。

1．関東株式会社（発行済み株式数1,000株）は、×7年6月26日の定時株主総会において、その他資本剰余金 ¥5,400,000について以下の剰余金の配当を決議した。
　　準備金：会社法の規定による金額
　　株主配当金：1株につき ¥2,000
　　ただし、×7年6月26日現在、資本金 ¥30,000,000、資本準備金 ¥6,200,000、利益準備金 ¥1,250,000であった。

2．当社は、×5年6月26日の定時株主総会において以下のような剰余金の処分を決議した。ただし、×5年3月31日（決算日）現在の資本金は¥3,000,000、資本準備金は¥320,000、利益準備金は¥160,000であり、発行済み株式は3,000株であった。
　　株主配当金　1株当たり¥700　ただし、1株当たり¥200はその他資本剰余金、¥500は繰越利益剰余金からの配当である。
　　準備金　会社法に規定する金額

	借　方　科　目	金　　額	貸　方　科　目	金　　額
1				
2				

損失の処理・欠損てん補

問題 10 損失の処理・欠損てん補

▼次の取引について仕訳を示しなさい。

1．当社は、株主総会の特別決議により、欠損¥2,700,000をてん補するために、資本金¥3,000,000を減少することとした。

2．当社は、株主総会の特別決議により、欠損¥3,200,000をてん補するために、資本準備金¥3,500,000を減少することとした。

	借 方 科 目	金 額	貸 方 科 目	金 額
1				
2				

任意積立金と利益準備金の取崩し

基本 ★★☆☆☆ check!

➡ 解答・解説 P.64

日付	／	／	／
✓			

▼(1)次の取引について仕訳を示しなさい。

①小樽産業株式会社は定時株主総会（6月30日）において、欠損 ¥4,800,000をてん補するため、利益準備金 ¥2,800,000と任意積立金 ¥2,000,000を取り崩すことにした。

②決算（3月31日）にあたり、当期純利益 ¥3,200,000を計上した。

▼(2)解答欄の勘定を完成させなさい。

(1)

	借 方 科 目	金 額	貸 方 科 目	金 額
①				
②				

(2)

繰越利益剰余金

4/1	前 期 繰 越	4,800,000	6/30	利 益 準 備 金	
			〃	任 意 積 立 金	

Chapter 12
とおるポイント

Section 1 財務諸表

●財務諸表

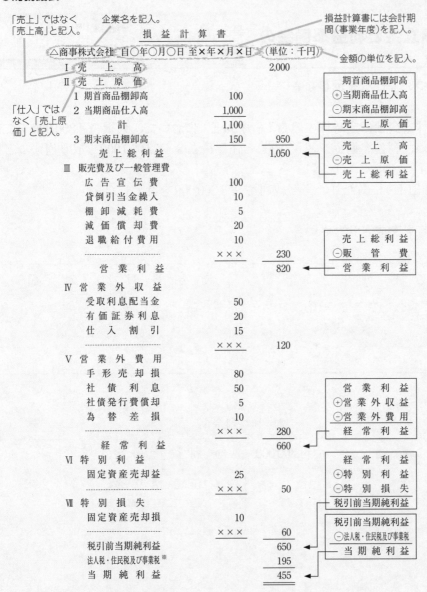

「売上」ではなく「売上高」と記入。

企業名を記入。

損益計算書には会計期間（事業年度）を記入。

金額の単位を記入。

「仕入」ではなく「売上原価」と記入。

損 益 計 算 書

△商事株式会社　自○年○月○日 至×年×月×日　（単位：千円）

Ⅰ 売　上　高		2,000
Ⅱ 売　上　原　価		
1 期首商品棚卸高	100	
2 当期商品仕入高	1,000	
計	1,100	
3 期末商品棚卸高	150	950
売 上 総 利 益		1,050
Ⅲ 販売費及び一般管理費		
広 告 宣 伝 費	100	
貸倒引当金繰入	10	
棚 卸 減 耗 費	5	
減 価 償 却 費	20	
退 職 給 付 費 用	10	
×××	230	
営 業 利 益		820
Ⅳ 営 業 外 収 益		
受取利息配当金	50	
有 価 証 券 利 息	20	
仕 入 割 引	15	
×××	120	
Ⅴ 営 業 外 費 用		
手 形 売 却 損	80	
社 債 利 息	50	
社 債 発 行 費 償 却	5	
為 替 差 損	10	
×××	280	
経 常 利 益		660
Ⅵ 特 別 利 益		
固 定 資 産 売 却 益	25	
×××	50	
Ⅶ 特 別 損 失		
固 定 資 産 売 却 損	10	
×××	60	
税引前当期純利益		650
法人税・住民税及び事業税※		195
当 期 純 利 益		455

期首商品棚卸高
（＋）当期商品仕入高
（－）期末商品棚卸高
── 売　上　原　価

売　上　高
（－）売　上　原　価
── 売　上　総　利　益

売 上 総 利 益
（－）販　　管　　費
── 営　業　利　益

営　業　利　益
（＋）営 業 外 収 益
（－）営 業 外 費 用
── 経　常　利　益

経　常　利　益
（＋）特　別　利　益
（－）特　別　損　失
── 税引前当期純利益

税引前当期純利益
（－）法人税・住民税及び事業税
── 当　期　純　利　益

※　または「法人税等」

企業名を記入。

これらは, 控除形式で記入。

「繰越商品」ではなく「商品」と記入。

貸借対照表には決算日を記入。

金額の単位を記入。

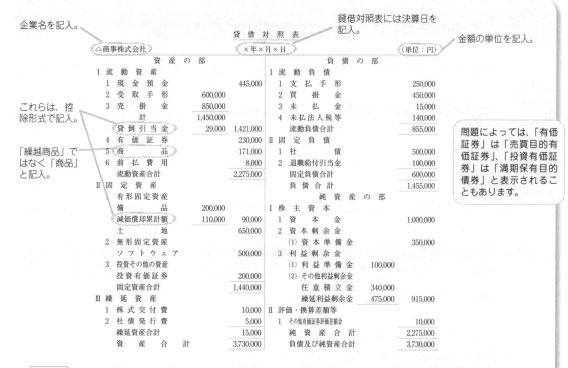

問題によっては,「有価証券」は「売買目的有価証券」,「投資有価証券」は「満期保有目的債券」と表示されることもあります。

Section 2 英米式決算法と大陸式決算法

●英米式決算法の締切方法
① 損益勘定の設定
② 勘定残高の損益勘定への振替え
③ 純損益の振替え
④ 費用・収益の締切り
⑤ 次期繰越および前期繰越の記入
⑥ 繰越試算表の作成

●大陸式決算法の締切方法
① 損益勘定の設定
② 勘定残高の損益勘定への振替え
③ 純損益の振替え
④ 費用・収益の締切り
⑤ 閉鎖残高勘定への振替え
⑥ 開始仕訳

● **決 算 三 勘 定** 閉鎖残高勘定・繰越利益剰余金勘定・損益勘定の関係は、以下のとおりです。

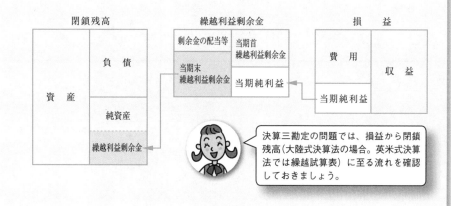

決算三勘定の問題では、損益から閉鎖残高(大陸式決算法の場合。英米式決算法では繰越試算表)に至る流れを確認しておきましょう。

1級合格のための2級の基礎知識

 法人税等・固定資産税

基本 ★★★☆☆ check!

➡解答・解説 P.65

日付 / / /
✓

▼次の一連の取引について仕訳を示しなさい。

1．第1決算期の法人税等が ¥1,200,000と確定した。なお、法人税等は法人税等勘定で、法人税等の未払額は未払法人税等勘定で処理した。また、第1期に中間申告は行っていない。

2．1の法人税等を小切手を振り出して支払った。

3．本年度分の固定資産税 ¥300,000の納税通知書を受け取った。未払税金勘定を用いること。

4．3の固定資産税を現金で支払った。

5．中間申告により法人税等 ¥600,000を現金で支払った。なお、中間納付額は仮払法人税等勘定で処理した。

6．第2決算期の法人税等が ¥2,000,000と確定した。

7．6の法人税等を小切手を振り出して支払った。

	借 方 科 目	金 額	貸 方 科 目	金 額
1				
2				
3				
4				
5				
6				
7				

問題 2 　法人税等の処理

基本 ★★★☆☆ check!
→解答・解説 P.66
日付 / / /

▼次の取引について仕訳を示しなさい。

当社は、決算時に法人税 ￥400,000、住民税 ￥150,000、事業税（所得課税分）￥90,000 を確定した。なお、期中に中間納付した額（仮払処理済み）として、法人税 ￥150,000、住民税 ￥50,000、事業税（所得課税分）￥45,000 がある。

借 方 科 目	金 額	貸 方 科 目	金 額

問題 3 　消費税の処理

基本 ★★★☆☆ check!
→解答・解説 P.66
日付 / / /

▼次の一連の取引について、税抜方式によって仕訳を示しなさい。
なお、消費税率は10%である。

1. 得意先に対して商品 ￥440,000（うち消費税額 ￥40,000）を現金で売り上げた。
2. 仕入先より商品 ￥165,000（うち消費税額 ￥15,000）を掛けで仕入れた。
3. 当期の仮受消費税額は ￥2,587,000、仮払消費税は ￥1,726,000である。決算により、未払消費税を計上する。
4. 3の未払消費税を小切手を振り出して納付した。

	借 方 科 目	金 額	貸 方 科 目	金 額
1				
2				
3				
4				

問題 **4** 損益計算書と貸借対照表の作成①

応用 ★★★★★ check!

➡ 解答・解説 P.67

日付	／	／	／
✓			

　㈱穂高会社の第12期（×20年1月1日～×20年12月31日）末の〔資料1〕決算整理前残高試算表と〔資料2〕決算整理事項および付記事項によって、損益計算書と貸借対照表を完成しなさい。

〔資料1〕決算整理前残高試算表

残　高　試　算　表

×20年12月31日 （単位：千円）

小　口　現　金	500	買　　掛　　金	13,060
当　座　預　金	16,670	借　　入　　金	5,000
売　　掛　　金	29,500	仮　　受　　金	7,110
売買目的有価証券	2,200	退職給付引当金	6,730
繰　越　商　品	9,740	貸　倒　引　当　金	210
貸　　付　　金	2,500	建物減価償却累計額	6,600
仮　　払　　金	8,540	備品減価償却累計額	3,670
建　　　　　物	20,000	資　　本　　金	25,000
備　　　　　品	5,500	資　本　準　備　金	13,600
土　　　　　地	16,470	利　益　準　備　金	1,000
の　　れ　　ん	1,080	別　途　積　立　金	8,000
その他有価証券	2,000	繰越利益剰余金	4,720
子　会　社　株　式	5,000	売　　　　　上	134,540
仕　　　　　入	86,640	受　取　配　当　金	180
給　　　　　料	13,100		
広　告　宣　伝　費	3,850		
旅　　　　　費	1,180		
水　道　光　熱　費	2,010		
消　耗　品　費	1,020		
雑　　　　　費	1,380		
支　払　利　息	540		
	229,420		229,420

〔資料2〕決算整理事項および付記事項
1．用度係から小口現金の使途について、次の報告を受けた。当社の小口現金の補給は、定額資金前渡制（インプレスト・システム）により、月末に報告を受けて、翌月初に補給する方法によっている。

　　　旅　　　費　120千円　消耗品費　150千円　雑　　　費　160千円
2．売掛金の期末残高に対して1.6％の貸倒見積額を差額補充法により計上する。

3．当期末に保有する有価証券の内訳は次のとおりである。

銘　　柄	取得価額	期末時価	保有目的
浅間会社株式	1,450 千円	1,280 千円	売買目的
白根会社株式	750 千円	820 千円	売買目的
秋田会社株式	5,000 千円	5,100 千円	支配目的
広島会社株式	2,000 千円	2,200 千円	そ の 他

　　その他有価証券については全部純資産直入法を採用する。

4．期末商品は、次のとおりである。なお、評価損は売上原価に内訳科目で記載する。棚卸減耗費は売上原価に算入しない。

　　　　期末商品帳簿棚卸高 9,960 千円

　　　　期末商品実地棚卸高 9,720 千円（正味売却価額 9,270 千円）

5．仮払金の内訳は、次のとおりである。

　　⑴法人税等の中間納付額　　　　3,860 千円

　　⑵仮払消費税　　　　　　　　　4,630 千円

　　⑶備品の廃棄処分費（7 参照）　　50 千円

6．貸付金2,500 千円は、×20年 4 月 1 日に、取引先に貸付期間 2 年、利率年 4 ％、利息は 1 年経過ごとに受け取る条件で貸し付けたものである。

7．減価償却は、次のとおり行う。

　　　建　　物　　　定額法　　　耐用年数30年　　　残存価額は取得価額の10％
　　　備　　品　　　定率法　　　耐用年数 8 年　　　償却率0.250

　　⑴当期末において建物について収益性の低下が生じているため、減損損失を計上する。

　　　　当期末における建物の時価は13,000 千円、処分費用2,000 千円であり、使用価値は12,000 千円である。

　　⑵備品のうち500 千円（減価償却累計額410 千円）は、当期初に廃棄処分したが、その処理が行われていない。廃棄処分費50 千円を仮払金としている。

8．のれんは、前期首に他会社の事業買収により取得したものであり、取得後10年で定額法により償却する。

9．仮受金の内訳は、次のとおりである。

　　⑴仮受消費税　　6,710 千円

　　　　当社は、消費税の処理方法として税抜方式によっている。本日、課税計算期間末であるので、消費税の整理を行う。

　　⑵得意先から特定商品の注文による手付金　　400 千円

10．借入金5,000 千円は、取引銀行から×20年10月 1 日に借入期間 3 年、利息前払いで借入れたものであり、残高試算表の支払利息のうち180 千円は翌期対応分、315 千円は翌々期以降対応分である。

11．退職給付の支給に備えて内部引当方式によっている。退職給付引当金の当期の繰入額は620 千円である。

12．当期の法人税等は、6,480 千円である。

損 益 計 算 書

㈱穂高会社　　×20年1月1日〜×20年12月31日　（単位：千円）

Ⅰ　売　上　高		（　　　　　）	
Ⅱ　売　上　原　価			
期首商品棚卸高	9,740		
当期商品仕入高	86,640		
合　計	96,380		
期末商品棚卸高	（　　　　　）		
差　引	（　　　　　）		
商 品 評 価 損	（　　　　　）	（　　　　　）	
売 上 総 利 益		（　　　　　）	
Ⅲ　販売費及び一般管理費			
給　　　　　料	13,100		
退 職 給 付 費 用	（　　　　　）		
棚 卸 減 耗 費	（　　　　　）		
貸 倒 引 当 金 繰 入	（　　　　　）		
広 告 宣 伝 費	3,850		
旅　　　　　費	（　　　　　）		
水 道 光 熱 費	2,010		
消 耗 品 費	（　　　　　）		
減 価 償 却 費	（　　　　　）		
の れ ん 償 却	（　　　　　）		
雑　　　　　費	（　　　　　）	（　　　　　）	
営 業 利 益		（　　　　　）	
Ⅳ　営 業 外 収 益			
受 取 利 息	（　　　　　）		
受 取 配 当 金	180	（　　　　　）	
Ⅴ　営 業 外 費 用			
支 払 利 息	（　　　　　）		
有 価 証 券 評 価 損	（　　　　　）	（　　　　　）	
経 常 利 益		（　　　　　）	
Ⅵ　特 別 損 失			
減 損 損 失	（　　　　　）		
固 定 資 産 廃 棄 損	（　　　　　）	（　　　　　）	
税引前当期純利益		（　　　　　）	
法 人 税 等		6,480	
当 期 純 利 益		（　　　　　）	

貸 借 対 照 表

㈱穂高会社　　　　　　　×20年12月31日　　　　　　　（単位：千円）

資産の部	金　額	負債・純資産の部	金　額
Ⅰ　流 動 資 産	【　　　　　】	Ⅰ　流 動 負 債	【　　　　　】
現 金 預 金	（　　　　　）	買 　掛 　金	13,060
売 　掛 　金	29,500	前 　受 　金	（　　　　　）
有 価 証 券	（　　　　　）	未 払 法 人 税 等	（　　　　　）
商 　　　品	（　　　　　）	未 払 消 費 税	（　　　　　）
前 払 費 用	（　　　　　）	Ⅱ　固 定 負 債	【　　　　　】
未 収 収 益	（　　　　　）	長 期 借 入 金	（　　　　　）
貸 倒 引 当 金	－（　　　　）	退職給付引当金	（　　　　　）
Ⅱ　固 定 資 産	【　　　　　】	負 債 合 計	（　　　　　）
1　有 形 固 定 資 産	（　　　　　）	Ⅰ　株 主 資 本	【　　　　　】
建 　　　物	（　　　　　）	1　資 　本 　金	25,000
備 　　　品	（　　　　　）	2　資 本 剰 余 金	13,600
土 　　　地	16,470	資 本 準 備 金	13,600
減価償却累計額	－（　　　　）	3　利 益 剰 余 金	（　　　　　）
2　無 形 固 定 資 産	（　　　　　）	利 益 準 備 金	1,000
の 　れ 　ん	（　　　　　）	別 途 積 立 金	8,000
3　投資その他の資産	（　　　　　）	繰越利益剰余金	（　　　　　）
投 資 有 価 証 券	（　　　　　）	Ⅱ　評価・換算差額等	【　　　　　】
関 係 会 社 株 式	（　　　　　）	1　その他有価証券評価差額金	（　　　　　）
長 期 貸 付 金	2,500	純 資 産 合 計	（　　　　　）
長 期 前 払 費 用	（　　　　　）		
資 産 合 計	（　　　　　）	負債・純資産合計	（　　　　　）

㈱青梅商事会社の第11期（×20年4月1日～×21年3月31日）末の〔資料Ⅰ〕決算整理前残高試算表、〔資料Ⅱ〕検討事項および〔資料Ⅲ〕決算整理事項によって、次の問に答えなさい。

【問1】　貸借対照表の現金及び預金とその他有価証券評価差額金の金額を求めなさい。なお、金額がマイナスとなる場合には、金額の前に「△」を付けること。

【問2】　貸借対照表の負債の部を完成しなさい。

【問3】　損益計算書を完成しなさい。

〔資料Ⅰ〕決算整理前残高試算表

残　高　試　算　表
×21年3月31日　　　　　　　　　（単位：千円）

借　方　科　目	金　　額	貸　方　科　目	金　　額
現　　　　　　金	1,660	支　払　手　形	7,200
当　座　預　金	29,360	買　　掛　　金	24,190
受　取　手　形	11,710	借　　入　　金	10,000
売　　掛　　金	33,290	仮　　受　　金	4,410
売買目的有価証券	3,400	貸　倒　引　当　金	110
繰　越　商　品	15,720	備品減価償却累計額	4,200
仮　　払　　金	5,760	資　　本　　金	77,000
火　災　未　決　算	4,380	資　本　準　備　金	16,800
建　　　　　物	5,000	利　益　準　備　金	3,500
備　　　　　品	9,800	別　途　積　立　金	7,600
土　　　　　地	45,460	繰越利益剰余金	3,110
満期保有目的債券	4,850	売　　　　　上	162,470
その他有価証券	5,000	有　価　証　券　利　息	100
仕　　　　　入	110,350	受　取　配　当　金	180
給　料　・　賞　与	24,250		
広　告　宣　伝　費	4,180		
旅　　　　　費	2,230		
水　道　光　熱　費	2,960		
保　　険　　料	1,200		
固　定　資　産　売　却　損	310		
	320,870		320,870

〔資料Ⅱ〕検討事項

1. 決算にあたり、金庫の中を調べたところ、未処理の期限到来済みの社債利札100千円と広告料の支払いとして振り出した小切手420千円があった。

2. 仮払金の内訳は、次のとおりである。
   (1)出張旅費概算払額　250千円　ただし、当該出張社員が、決算日に帰社し、旅費概算払額のうち残金30千円を返金し、精算した。
   (2)法人税等の中間納付額　2,000千円
   (3)消費税の仮払額　3,510千円

96

３．火災未決算勘定は、建物の火災により計上したものであるが、本日、保険会社より保険金額4,800千円の決定通知（支払日は×21年4月20日）が到着した。

４．仮受金の内訳は、次のとおりである。

(1)出張社員からの内容不明の当座振込額　180千円　ただし、当該振込額は、決算日の出張社員の帰社報告により、過去に償却した売掛金80千円の取り立てと特定商品注文のための手付金100千円であることが判明した。

償却債権取立益は営業外収益に表示すること。

(2)消費税の仮受額　4,230千円

〔資料Ⅲ〕決算整理事項

１．受取手形と売掛金の期末残高に対して1.4％の貸し倒れを差額補充法により見積もる。

２．有価証券の内訳は、次のとおりである。

銘　柄	取得価額	期末時価	保有目的
金砂会社株式	3,400千円	3,620千円	売買目的
黄海会社社債	4,850千円	4,830千円	満期保有目的
小山会社株式	2,000千円	2,500千円	その他
大山会社株式	3,000千円	2,100千円	その他

その他有価証券については全部純資産直入法を採用する。

黄海会社社債は、その発行日である×20年4月1日に額面総額5,000千円を100円につき97円、償還期限5年、利率年4％（利払日は9月末日と3月末日の年2回）の条件で取得したものである。償却原価法（定額法）による。

３．期末商品棚卸高は、次のとおりである。なお、棚卸減耗費および商品評価損の表示は、売上原価の内訳科目とする。

期末商品帳簿棚卸高 17,470千円

期末商品実地棚卸高 17,100千円（正味売却価額 16,740千円）

４．減価償却は、次のとおり行う。

建　物　　定額法　　耐用年数10年　　残存価額はゼロ

備　品　　定率法　　耐用年数8年　　償却率0.250

残高試算表の建物5,000千円は当期首に取得したものであり、代金は当座預金口座より支払っている。この建物は耐用年数到来時に除去する義務がある。除去に要する費用は500千円であるが、資産除去債務の計上が未処理である。

５．借入金10,000千円は、×20年10月1日に、取引銀行より借入期間2年、利率年3.4％、利息は元金とともに期日に支払う条件で借り入れたものである。

６．従業員賞与を支給対象期間に基づいて引き当て計上する。なお、×21年6月20日支給日の賞与の対象期間は、×20年12月1日から×21年5月31日までであり、当該支給見積額は2,880千円である。

７．当社は、消費税の処理方法として税抜方式によっている。

８．保険料のうち420千円は、×21年2月1日に支払った向こう6か月分である。

９．法人税等4,390千円を計上する。

【問1】　　　　　　　　　　　　　　　（単位：千円）

現 金 及 び 預 金	（　　　　　）
その他有価証券評価差額金	（　　　　　）

【問2】　　　　　　　　　　　　　　　（単位：千円）

負 債 の 部	金　　額
Ⅰ　流 動 負 債	
支 払 手 形	7,200
買 掛 金	24,190
未 払 金	（　　　　　）
未 払 費 用	（　　　　　）
未 払 法 人 税 等	（　　　　　）
未 払 消 費 税	（　　　　　）
前 受 金	（　　　　　）
賞 与 引 当 金	（　　　　　）
流 動 負 債 合 計	（　　　　　）
Ⅱ　固 定 負 債	
長 期 借 入 金	10,000
資 産 除 去 債 務	（　　　　　）
固 定 負 債 合 計	（　　　　　）
負 債 合 計	（　　　　　）

【問3】

損 益 計 算 書

×20年4月1日～×21年3月31日　（単位：千円）

I　売　上　高		162,470
II　売　上　原　価		
期首商品棚卸高	15,720	
当期商品仕入高	110,350	
合　　計	（　　　　）	
期末商品棚卸高	（　　　　）	
差　　引	（　　　　）	
棚卸減耗費	（　　　　）	
商品評価損	（　　　　）	（　　　　）
売上総利益		（　　　　）
III　販売費及び一般管理費		
給料・賞与	24,250	
賞与引当金繰入	（　　　　）	
広告宣伝費	4,180	
貸倒引当金繰入	（　　　　）	
旅　費	（　　　　）	
水道光熱費	2,960	
減価償却費	（　　　　）	
保険料	（　　　　）	（　　　　）
営業利益		（　　　　）
IV　営業外収益		
有価証券利息	（　　　　）	
受取配当金	180	
（　　　　）	（　　　　）	
償却債権取立益	（　　　　）	（　　　　）
V　営業外費用		
（　　　　）	（　　　　）	（　　　　）
経常利益		（　　　　）
VI　特別利益		
保険差益	（　　　　）	（　　　　）
VII　特別損失		
（　　　　）	（　　　　）	（　　　　）
税引前当期純利益		（　　　　）
法人税等		4,390
当期純利益		（　　　　）

問題 6 損益計算書と貸借対照表の作成③

基本 ★★★★★ check!

→ 解答・解説 P.75

日付	/	/	/
✓			

㈱奥入瀬商事会社の第15期（×20年10月1日〜×21年9月30日）末の〔資料Ⅰ〕決算整理前残高試算表、〔資料Ⅱ〕検討事項および〔資料Ⅲ〕決算整理事項によって、次の問に答えなさい。

【問1】 貸借対照表の資産の部を完成しなさい。

【問2】 貸借対照表の純資産の部に記載される資本準備金の金額を求めなさい。

【問3】 損益計算書を完成しなさい。

〔資料Ⅰ〕決算整理前残高試算表

残 高 試 算 表

×21年9月30日 （単位：千円）

借 方 科 目	金 額	貸 方 科 目	金 額
現　　　　　金	345	買　　掛　　金	29,720
当　座　預　金	30,720	仮　　受　　金	9,910
売　　掛　　金	41,500	退 職 給 付 引 当 金	12,240
売 買 目 的 有 価 証 券	5,130	貸 倒 引 当 金	240
繰　越　商　品	18,400	建物減価償却累計額	13,230
仮　　払　　金	14,690	備品減価償却累計額	4,860
建　　　　　物	42,000	資　　本　　金	75,000
備　　　　　品	10,800	資　本　準　備　金	6,400
土　　　　　地	30,760	利　益　準　備　金	3,600
商　　標　　権	2,560	別　途　積　立　金	19,000
仕　　　　　入	132,610	繰 越 利 益 剰 余 金	2,680
給　　　　　料	29,490	売　　　　　上	198,290
旅　　　　　費	2,120	受　取　配　当　金	620
水　道　光　熱　費	1,860	投 資 不 動 産 賃 貸 料	1,500
修　　繕　　費	4,280		
不 動 産 賃 借 料	6,120		
雑　　　　　費	3,905		
	377,290		377,290

〔資料Ⅱ〕検討事項

1．決算にあたり、金庫の中を調べたところ、未処理の株主配当金領収証140千円があった。

2．仮払金の内訳は、次のとおりである。
　⑴製作中の特注陳列棚のための支出額　1,730千円
　⑵法人税等の中間納付額　2,800千円
　⑶消費税の仮払額　10,160千円

3．仮受金は全額、消費税の仮受額である。なお、当社は、消費税の処理方法として税抜方式によっている。本日、課税計算期間末であるので、消費税の整理を行う。

4．当期に発生した大型台風により被害を受けた建物を原状回復するために建設会社に支払った3,650千円を修繕費として処理している。

5．土地のうち5,800千円は、賃貸を目的にした駐車場用地である。

6．期末日を払込期日とする公募による新株500株を発行し、払込金額1株につき17千円を全株について受け取り、全額を当座預金としたが、この処理が未済である。なお、払込金額のうち2分の1を資本金に組み入れることとする。

〔資料Ⅲ〕決算整理事項

1．売掛金の期末残高に対して2％の貸し倒れを差額補充法により見積もる。

2．売買目的有価証券の内訳は、次のとおりである。

銘　　柄	取得価額	期末時価	備　　考
秋田会社株式	2,840千円	3,070千円	売買目的
山形会社株式	2,290千円	1,820千円	売買目的

3．期末商品棚卸高は、次のとおりである。なお、棚卸減耗費および商品評価損の表示は、売上原価の内訳科目とする。

種類	期　末　数　量		期　末　単　価	
	帳簿棚卸数量	実地棚卸数量	取得原価	正味売却価額
a商品	445個	430個	14千円	13千円
b商品	695個	690個	18千円	25千円

4．減価償却は、次のとおり行う。

　　建物　　定額法　　耐用年数40年　　残存価額は取得価額の10％
　　備品　　定率法　　耐用年数8年　　償却率0.250

　　ただし、備品のうち2,400千円は、当期6月1日に取得し、直ちに営業に供しているものである。

5．商標権は、前期末までに取得後2年経過しているが、その法定年数10年で償却してきている。

6．退職給付の積立ては企業内部で行っている。退職給付引当金の当期の繰入額は1,750千円である。

7．不動産賃借料のうち4,320千円は、×21年8月1日に支払った向こう2か年分である。

8．投資不動産賃貸料（月額150千円）は、6か月ごとの後受けの契約である。次回の受取日は×22年1月31日である。

9．法人税等5,800千円を計上する。

【問1】 （単位：千円）

資　産　の　部	金　　額
Ⅰ　流　動　資　産	
現　金　預　金	（　　　　　）
売　　掛　　金	41,500
有　価　証　券	（　　　　　）
商　　　　品	（　　　　　）
未収還付消費税	（　　　　　）
前　払　費　用	（　　　　　）
未　収　収　益	（　　　　　）
貸　倒　引　当　金	△（　　　　　）
流　動　資　産　合　計	（　　　　　）
Ⅱ　固　定　資　産	
1　有　形　固　定　資　産	
建　　　　物	42,000
備　　　　品	10,800
土　　　　地	（　　　　　）
（　　　　　）	（　　　　　）
減価償却累計額	△（　　　　　）
有形固定資産合計	（　　　　　）
2　無　形　固　定　資　産	
（　　　　　）	（　　　　　）
無形固定資産合計	（　　　　　）
3　投資その他の資産	
（　　　　　）	（　　　　　）
投　資　不　動　産	（　　　　　）
投資その他の資産合計	（　　　　　）
固　定　資　産　合　計	（　　　　　）
資　産　合　計	（　　　　　）

【問2】 （単位：千円）

資　本　準　備　金	（　　　　　）

【問3】 損 益 計 算 書

㈱奥入瀬商事会社　×20年10月1日〜×21年9月30日　（単位：千円）

I	売 上 高			198,290	
II	売 上 原 価				
	期首商品棚卸高	18,400			
	当期商品仕入高	132,610			
	合 計	（　　　　）			
	期末商品棚卸高	（　　　　）			
	差 引	（　　　　）			
	棚 卸 減 耗 費	（　　　　）			
	商 品 評 価 損	（　　　　）	（　　　　）		
	売 上 総 利 益			（　　　　）	
III	販売費及び一般管理費				
	給 料	29,490			
	退 職 給 付 費 用	（　　　　）			
	貸 倒 引 当 金 繰 入	（　　　　）			
	（　　　　）	（　　　　）			
	旅 費	2,120			
	水 道 光 熱 費	1,860			
	減 価 償 却 費	（　　　　）			
	修 繕 費	（　　　　）			
	不 動 産 賃 借 料	（　　　　）			
	雑 費	3,905	（　　　　）		
	営 業 利 益			（　　　　）	
IV	営 業 外 収 益				
	受 取 配 当 金	（　　　　）			
	（　　　　）	（　　　　）	（　　　　）		
V	営 業 外 費 用				
	（　　　　）	（　　　　）	（　　　　）		
	経 常 利 益			（　　　　）	
VI	特 別 損 失				
	（　　　　）	（　　　　）	（　　　　）		
	税引前当期純利益		（　　　　）		
	法 人 税 等		5,800		
	当 期 純 利 益		（　　　　）		

英米式決算法と大陸式決算法

英米式決算法

応用 ★★★★☆　check!

➡解答・解説 P.79

日付 ✓

北海道株式会社の第15期（自×8年9月1日至×9年8月31日）の決算整理前残高試算表（Ⅰ）と決算整理事項等（Ⅱ）は、次のとおりである。よって、答案用紙の損益勘定、繰越利益剰余金勘定および繰越試算表を完成させなさい。

（Ⅰ）決算整理前残高試算表

残 高 試 算 表

×9年8月31日

借　　方	勘 定 科 目	貸　　方
162,200	現 金 預 金	
300,000	受 取 手 形	
230,000	売 掛 金	
247,000	売買目的有価証券	
32,000	繰 越 商 品	
600,000	建 物	
100,000	その他有価証券	
160,000	関 連 会 社 株 式	
	買 掛 金	205,000
	借 入 金	330,000
	貸 倒 引 当 金	5,000
	建物減価償却累計額	162,000
	資 本 金	600,000
	利 益 準 備 金	110,000
	任 意 積 立 金	180,000
	繰 越 利 益 剰 余 金	17,000
	売 上	1,423,000
	有 価 証 券 売 却 益	30,000
920,000	仕 入	
87,800	給 料	
147,000	支 払 地 代	
36,000	保 険 料	
40,000	支 払 利 息	
3,062,000		3,062,000

（Ⅱ）決算整理事項等

1．決算日現在の当座預金残高について銀行の残高証明書残高と照合したところ、次の事実が判明した。

（イ）仕入先へ仕入代金支払いのために振り出した小切手 ¥30,000 が銀行に呈示されていなかった。

（ロ）得意先より売掛金 ¥60,000 が振り込まれたが、当方で未記帳になっていた。

（ハ）取立てを依頼した手形 ¥60,000 が取立て済みとなり、当座預金口座に入金されていたが当方で未記帳になっていた。

2．受取手形および売掛金の期末残高合計額に対し、2％の貸倒れを見積もる（差額補充法）。

3．当期末に保有する有価証券の内訳は、次のとおりである。

銘　　柄	取得価額	期末時価	保有目的
X社株式	¥247,000	¥250,000	売買目的
Y社株式	¥160,000	¥170,000	影響力行使目的
Z社株式	¥100,000	¥95,000	そ の 他

その他有価証券については全部純資産直入法を採用する。

4．商品の期末棚卸高は、次のとおりである。

　　帳簿棚卸数量　250個　実地棚卸数量　240個

　　1個あたり単価　原価 ¥160　正味売却価額 ¥150

なお、売上原価の計算は仕入勘定で行うこととし、商品評価損も仕入勘定に振り替える。棚卸減耗費は売上原価に算入しない。

5．固定資産の減価償却を行う。

　(1)建物：定額法；耐用年数　30年；残存価額　10％

　(2)当期首にA社と備品について以下の所有権移転外ファイナンス・リース契約を締結し、当期末にリース料 ¥60,000 を現金で支払ったが、これら一連の処理が未処理である。

　　　リース料 ¥60,000（毎年8月末日払い）、期間4年、見積現金購入価額：¥200,000

　　　備品の経済的耐用年数：5年、備品の残存価額：ゼロ

　　　利息相当額の処理については利子抜き法、利息の配分は定額法により行う。

6．支払地代は3年前より毎年6月1日に向こう1年分を前払いしている。なお、毎月の地代はこの3年間一定である。

7．保険料のうち ¥18,000 は、×9年5月1日に向こう1年分を支払ったものである。

8．支払利息のうち未経過分が ¥8,000ある。

9．法人税等として¥69,300を計上する。

損　　　益

8/31	仕　　　　　　入	（　　　）	8/31	売　　　　　　上	（　　　）	
〃	給　　　　　料	（　　　）	〃	有価証券売却益	（　　　）	
〃	支　払　地　代	（　　　）	〃	（　　　）	（　　　）	
〃	保　　険　　料	（　　　）				
〃	貸倒引当金繰入	（　　　）				
〃	減　価　償　却　費	（　　　）				
〃	支　払　利　息	（　　　）				
〃	棚　卸　減　耗　費	（　　　）				
〃	法　人　税　等	（　　　）				
〃	（　　　）	（　　　）				
		（　　　）			（　　　）	

繰越利益剰余金

11/25	利　益　準　備　金	3,000	9/ 1	前　期　繰　越	（　　　）	
〃	未　払　配　当　金	30,000	8/31	（　　　）	（　　　）	
8/31	（　　　）	（　　　）				
		（　　　）			（　　　）	

繰　越　試　算　表
×9年8月31日

借　　方	勘　定　科　目	貸　　方
	現　金　預　金	
	受　取　手　形	
	売　　掛　　金	
	売 買 目 的 有 価 証 券	
	繰　越　商　品	
	建　　　　物	
	リ　ー　ス　資　産	
	前　払　費　用	
	そ の 他 有 価 証 券	
	関 連 会 社 株 式	
	買　　掛　　金	
	借　　入　　金	
	リ　ー　ス　債　務	
	未 払 法 人 税 等	
	貸 倒 引 当 金	
	建物減価償却累計額	
	リース資産減価償却累計額	
	資　　本　　金	
	利 益 準 備 金	
	任 意 積 立 金	
	繰 越 利 益 剰 余 金	
	その他有価証券評価差額金	

問題
8 大陸式決算法

資料（Ⅰ）、資料（Ⅱ）、資料（Ⅲ）にもとづいて答案用紙の損益勘定、繰越利益剰余金勘定および閉鎖残高勘定を完成させなさい。なお、会計期間は×8年10月1日から×9年9月30日までの1年である。税効果会計（実効税率30％）を、その他有価証券についてのみ適用する。繰延税金資産と繰延税金負債の相殺は不要である。

（Ⅰ）決算整理前残高試算表

決算整理前残高試算表
×9年9月30日

現 金 預 金	354,200	買 掛 金	2,280,000
受 取 手 形	960,000	借 入 金	1,197,000
売 掛 金	1,920,000	営 業 外 支 払 手 形	1,250,000
繰 越 商 品	360,000	貸 倒 引 当 金	30,000
貸 付 金	1,060,000	建物減価償却累計額	600,000
建 物	2,000,000	資 本 金	2,800,000
備 品	1,200,000	利 益 準 備 金	40,000
ソ フ ト ウ ェ ア	360,000	繰 越 利 益 剰 余 金	130,000
そ の 他 有 価 証 券	1,300,000	売 上	7,000,000
仕 入	4,000,000	受 取 利 息	70,000
給 料	1,579,800	受 取 配 当 金	80,000
通 信 費	300,000	為 替 差 損 益	20,000
支 払 利 息	106,000	仕 入 割 引	3,000
	15,500,000		15,500,000

（Ⅱ）決算整理事項

1. ×9年9月28日に1個あたり単価10ドルのA商品30個を掛けで仕入れたが未処理である。×9年9月28日の為替相場は1ドル￥100であり、×9年9月30日の為替相場は1ドル￥102である。

   なお、この商品については期末において保有しており、棚卸減耗および収益性の低下は生じていない。

2. B商品の期末棚卸高は次のとおりである。なお、棚卸減耗費は売上原価に算入しない。売上原価の計算は仕入勘定で行い、商品評価損は仕入勘定に振り替える。

   帳簿棚卸数量　400個　　実地棚卸数量　380個
   1個あたり単価　原価　￥1,000　正味売却価額　￥850

3. 当期末に保有する有価証券の内訳は、次のとおりである。

銘　　柄	取得価額	期末時価	保有目的
X社株式	￥600,000	￥650,000	そ の 他
Y社株式	￥700,000	￥680,000	そ の 他

   その他有価証券については全部純資産直入法を採用する。

4．建物に対して、定額法、耐用年数30年、残存価額：取得原価の10％により減価
償却を行う。

5．⑴残高試算表の備品は×9年9月1日に割賦購入したものである。備品の現金購
入価額は¥1,200,000、代金の支払いは×9年9月末より毎月末に5回の均等払
いとし、5枚の約束手形（1枚の額面¥250,000）を購入時に振り出したが、9
月末の当座預金口座からの支払いの処理が未処理である。

利息相当額は支払利息勘定で処理しており、利息の配分は定額法によること。

⑵決算にあたり、支払利息の繰延べを行う。

⑶備品に対して、定額法、耐用年数：5年、残存価額：ゼロにより減価償却を行う。

6．ソフトウェアは当期首に取得したものであり、5年間で定額法により償却する。

7．受取手形と売掛金の期末残高に対して2％の貸倒引当金を、差額補充法により設
定する。

8．支払利息の未払分が¥10,000ある。

9．当期の法人税等として¥300,000を計上する。

（Ⅲ）その他

×8年12月17日に行われた株主総会で、次のとおり剰余金の配当が行われた。

利益準備金　　　¥ 40,000

株主配当金　　　¥400,000

損　　　益

9/30	仕　　　　　入	（　　　　）	9/30	売　　　　　上	7,000,000
〃	給　　　　　料	1,579,800	〃	受　取　利　息	70,000
〃	通　信　費	300,000	〃	受　取　配　当　金	80,000
〃	貸倒引当金繰入	（　　　　）	〃	為　替　差　損　益	（　　　　）
〃	減　価　償　却　費	（　　　　）	〃	仕　入　割　引	（　　　　）
〃	ソフトウェア償却	（　　　　）			
〃	支　払　利　息	（　　　　）			
〃	棚　卸　減　耗　費	（　　　　）			
〃	法　人　税　等	（　　　　）			
〃	（　　　　　　）	（　　　　）			
		（　　　　）			（　　　　）

繰越利益剰余金

12/17	（　　　　　　）	40,000	10/ 1	開　始　残　高	（　　　　）
〃	（　　　　　　）	400,000	9 /30	損　　　　　益	（　　　　）
9 /30	閉　鎖　残　高	（　　　　）			
		（　　　　）			（　　　　）

閉　鎖　残　高

9/30	現　金　預　金	（　　　　）	9/30	買　　掛　　金	（　　　　）
〃	受　取　手　形	960,000	〃	借　　入　　金	1,197,000
〃	売　　掛　　金	1,920,000	〃	未　払　利　息	（　　　　）
〃	繰　越　商　品	（　　　　）	〃	未　払　法　人　税　等	（　　　　）
〃	貸　　付　　金	1,060,000	〃	営　業　外　支　払　手　形	（　　　　）
〃	前　払　利　息	（　　　　）	〃	繰　延　税　金　負　債	（　　　　）
〃	建　　　　　物	2,000,000	〃	貸　倒　引　当　金	（　　　　）
〃	備　　　　　品	（　　　　）	〃	建物減価償却累計額	（　　　　）
〃	ソ フ ト ウ ェ ア	（　　　　）	〃	備品減価償却累計額	（　　　　）
〃	その他有価証券	（　　　　）	〃	資　　本　　金	2,800,000
〃	繰　延　税　金　資　産	（　　　　）	〃	利　益　準　備　金	（　　　　）
			〃	（　　　　　　）	（　　　　）
			〃	その他有価証券評価差額金	（　　　　）
		（　　　　）			（　　　　）

Chapter 13
とおるポイント

支店間取引

●**支店間取引の記帳方法**

(1)**支店分散計算制度**

各支店勘定を、本店のほかに、それぞれの支店にも設けて仕訳を行う方法。

(2)**本店集中計算制度**

支店で行われたすべての取引を、本店を介して行ったように仕訳を行う方法

神戸支店は、札幌支店に商品(原価¥40,000)を原価で発送した。

①原価¥40,000で仕訳をする場合

発送した側の神戸支店の仕訳は、仕入(費用)の減少で仕訳をします。

(1)**支店分散計算制度**を採用する場合

神 戸 支 店:	(借)札 幌 支 店	40,000	(貸)仕	入	40,000
札 幌 支 店:	(借)仕	入	40,000	(貸)神 戸 支 店	40,000
本 店:	仕 訳 な し				

(2)**本店集中計算制度**を採用する場合

神 戸 支 店:	(借)本	店	40,000	(貸)仕	入	40,000
札 幌 支 店:	(借)仕	入	40,000	(貸)本	店	40,000
本 店:	(借)札 幌 支 店	40,000	(貸)神 戸 支 店	40,000

神戸支店は、札幌支店に商品(原価¥40,000)を¥50,000で販売した。

②売価¥50,000で仕訳をする場合

発送した側の神戸支店の仕訳は、売上(収益)の増加で仕訳をします。

(1)**支店分散計算制度**を採用する場合

神 戸 支 店:	(借)札 幌 支 店	50,000	(貸)売	上	50,000
札 幌 支 店:	(借)仕	入	50,000	(貸)神 戸 支 店	50,000
本 店:	仕 訳 な し				

(2)**本店集中計算制度**を採用する場合

神 戸 支 店:	(借)本	店	50,000	(貸)売	上	50,000
札 幌 支 店:	(借)仕	入	50,000	(貸)本	店	50,000
本 店:	(借)札 幌 支 店	50,000	(貸)神 戸 支 店	50,000

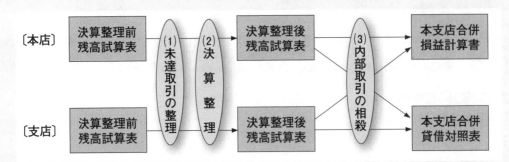

合併財務諸表の作成では、⑴**未達取引の整理**、⑵**決算整理**、⑶**内部取引の相殺**、に注意してください。

⑴**未達取引の整理**　未達取引とは、本支店間または支店間の取引のうち、連絡が遅れて一方で処理されていないために、本店勘定および支店勘定の残高が一致しない原因となる取引をいいます。そこで、決算日における未達取引を、連絡があったものとみなして未達側が処理することにより、本店勘定と支店勘定の残高を一致させます。

　①支店で本店の営業費 ¥8,000を立替払いしたが、本店に未達である。

　　本店：(借) 営　　業　　費　　8,000　(貸) 支　　　　店　　8,000

　②本店より支店に商品 ¥60,000を発送したが、支店に未達である。

　　支店：(借) 仕　　　　　　入　 60,000　(貸) 本　　　　店　 60,000

⑵**決　算　整　理**　本店勘定と支店勘定の残高が一致して、未達取引がなくなったら、売上原価の算定、貸倒引当金の設定、減価償却、有価証券の評価、経過勘定の処理等の決算整理を行います。

⑶**内部取引の相殺**　③本店勘定と支店勘定を相殺します。
　　　　　　　　　　（本店勘定と支店勘定の残高が¥150,000で一致しているものとします。）

　　(借) 本　　　　店　 150,000　(貸) 支　　　　店　 150,000

精算表の作成

●**未達事項の処理と内部取引の相殺**

＜未達事項＞

① 本店から支店への商品の発送高が支店に未達　￥1,100

支店：（借）仕　　　　　　　　入　1,100　（貸）本　　　　　　店　1,100

② 支店が現金で受け取った本店の売掛金が本店に未達　￥3,000

本店：（借）支　　　　　　店　3,000　（貸）売　　掛　　金　3,000

精　算　表

勘定科目	本店試算表		支店試算表		修正記入		損益計算書		貸借対照表	
	借方	貸方	借方	貸方	借方	貸方	借方	貸方	借方	貸方
：										
売 掛 金	23,000		10,000			3,000			30,000	
支　　店	47,000		—		3,000	*50,000*				
本　　店		—		48,900	*50,000*	1,100				
：										

＜内部取引の相殺＞

③ 本店勘定と支店勘定の相殺を精算表上で行います。

（借）本　　　　　　店　50,000　（貸）支　　　　　　店　50,000

帳簿の締切り

●帳簿の締切り

〔本店〕	決算整理前残高試算表	未達取引の整理	決算整理	決算振替 (1) 純損益の振替え (2) 全体純損益の繰越利益剰余金への振替え	→	資産・負債・純資産項目の帳簿の締切り
〔支店〕	決算整理前残高試算表					

●決算振替

(1)純損益の振替え

　本店および支店は決算手続を独自に行うので、本店の純損益は**本店損益**勘定で、支店の純損益は**支店損益**勘定で把握されます。しかし、外部へ公表するために本店において、**総合損益**勘定を設けて、会社全体の純損益を算定します。

　①本店純損益の振替え

　　本店の純損益を**本店損益**勘定から**総合損益**勘定へ振り替えます。

　②支店純損益の振替え

　　支店は純損益をまず**本店**勘定に振り替えます。本店では、それに対応して支店の純損益を支店勘定に記入するとともに、**総合損益**勘定へ振り替えます。

(2)全体純損益の繰越利益剰余金勘定への振替え

　総合損益勘定において会社全体の**当期純利益**が計算されます。これを**繰越利益剰余金**勘定へ振り替えます。

●勘定連絡

決算手続と帳簿の締切の流れをまとめると、以下のようになります。

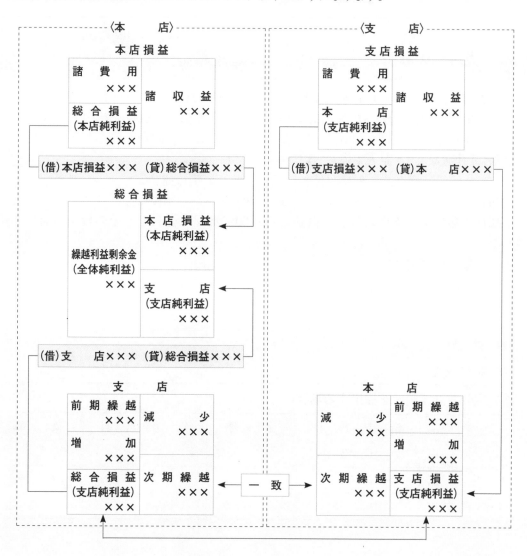

支店間取引

支店間の取引①

基本 ★★★☆☆ check!

➡ 解答・解説 P.88

日付	/	/	/
✓			

　㈱裏磐梯商店は、東京に本店を置き、横浜と宇都宮に支店を設けている。よって、次の取引について、①本店集中計算制度と②支店分散計算制度を採用する場合に分けて、本店及び各支店の仕訳を示しなさい。ただし、仕訳が不要なときは、借方科目欄に「仕訳なし」と記入すること。

〈取引〉
宇都宮支店は横浜支店に対し、原価￥300,000の商品を送付し、その旨を本店に連絡した。

①本店集中計算制度を採用する場合

	借 方 科 目	金 額	貸 方 科 目	金 額
本　　　店				
横 浜 支 店				
宇 都 宮 支 店				

②支店分散計算制度を採用する場合

	借 方 科 目	金 額	貸 方 科 目	金 額
本　　　店				
横 浜 支 店				
宇 都 宮 支 店				

問題 2 支店間の取引②

基本 ★★★★★ check!
➡ 解答・解説 P.89
日付 / / /
✓

　㈱東京商店は、本店を東京に置き、大阪と愛知に支店を設けている。よって、以下の取引について、①本店集中計算制度と②支店分散計算制度を採用する場合に分けて、本店、大阪支店、愛知支店の仕訳を示しなさい。ただし、次の勘定科目を使用し、仕訳が不要なときは、借方科目欄に「仕訳なし」と記入すること。

　本　　店　　　　　大阪支店　　　　　愛知支店　　　　　売　　上　　　　　仕　　入

〈取引〉

大阪支店は、愛知支店から商品¥246,000（内部利益が加算された価額）を仕入れ、その旨を本店に連絡した。

①本店集中計算制度を採用する場合

	借 方 科 目	金 額	貸 方 科 目	金 額
本　　　　店				
大 阪 支 店				
愛 知 支 店				

②支店分散計算制度を採用する場合

	借 方 科 目	金 額	貸 方 科 目	金 額
本　　　　店				
大 阪 支 店				
愛 知 支 店				

Section 2 合併財務諸表の作成

問題 3 未達取引の整理

基本 ★★★★★ check!
➡ 解答・解説 P.90
日付 / / /
✓

▼以下に示す取引について、未達事項の仕訳を示しなさい。
　また、その仕訳が本店、支店いずれの仕訳であるかも明記しなさい。

1．本店から支店へ発送した商品¥150,000が支店に未達である。
2．本店が回収した支店の売掛金¥34,000が支店に未達である。
3．支店が支払った本店の買掛金¥29,000が本店に未達である。

	本店／支店	借 方 科 目	金 額	貸 方 科 目	金 額
1					
2					
3					

▼京都商店（個人企業、会計期間は1月1日から12月31日までの1年間）の残高試算表と未達事項および決算整理事項は、次のとおりであった。よって、本支店合併の損益計算書を作成しなさい。また、未達事項整理後の本店勘定と支店勘定の一致する金額と本支店合併後の消耗品の金額を求めなさい。

残 高 試 算 表 （単位：円）

借　　　方	本　店	支　店	貸　　　方	本　店	支　店
現　　　　　金	1,485,000	1,025,000	支 払 手 形	1,346,000	625,000
当 座 預 金	1,764,000	1,263,000	買 　 掛 　 金	1,515,000	847,000
売 　 掛 　 金	2,138,000	1,146,000	借 　 入 　 金	2,000,000	800,000
繰 越 商 品	750,000	430,000	貸 倒 引 当 金	64,100	27,900
備　　　　　品	1,000,000	600,000	備品減価償却累計額	360,000	216,000
支　　　　　店	2,286,000	－	本 　 　 　 店	－	1,946,000
仕　　　　　入	7,450,000	5,084,000	資 　 本 　 金	3,000,000	－
給　　　　　料	800,000	400,000	売 　 　 　 上	10,760,000	6,276,000
支 払 家 賃	450,000	250,000	受 取 手 数 料	45,000	24,000
保 　 険 　 料	240,000	180,000	雑 　 収 　 入	18,900	10,100
広 　 告 　 費	320,000	200,000			
消 耗 品 費	400,000	180,000			
支 払 利 息	26,000	14,000			
	19,109,000	10,772,000		19,109,000	10,772,000

未 達 事 項

1．本店で回収した支店の売掛金 ¥200,000
2．支店が支払った本店の買掛金 ¥180,000
3．本店から支店に送付した商品（原価） ¥260,000
4．支店から本店に送付した現金 ¥100,000

決算整理事項

1．期末商品棚卸高 本店 ¥650,000
　　　　　　　　　支店 ¥420,000（未達商品は含まれていない）
2．売掛金の期末残高について3％の貸倒れを見積もる。差額補充法により処理する。
3．備品について、本支店ともに定額法により減価償却を行う。
　　残存価額 取得原価の10％ 耐用年数 5年
4．消耗品の未使用高 本店 ¥180,000 支店 ¥80,000
5．保険料の前払高 本店 ¥ 60,000 支店 ¥30,000
6．利息の未払高 本店 ¥ 12,000 支店 ¥ 7,000
7．家賃の未払高 本店 ¥120,000 支店 ¥80,000
8．手数料の未収高 本店 ¥ 15,000 支店 ¥ 8,000

損 益 計 算 書

×20年1月1日から×20年12月31日まで

京 都 商 店

費 用	金 額	収 益	金 額
（　）商品棚卸高		売 上 高	
当期商品純仕入高		（　）商品棚卸高	
（　　　　　　）			
給 料		売 上 総 利 益	
支 払 家 賃		受 取 手 数 料	
（　　　　　　）		雑 収 入	
（　　　　　　）			
保 険 料			
広 告 費			
消 耗 品 費			
支 払 利 息			
（　　　　　　）			

本店勘定・支店勘定の一致する金額	￥
本 支 店 合 併 後 の 消 耗 品	￥

問題 5 合併財務諸表の作成②

→解答・解説 P.92

▼長崎商店（個人企業、会計期間は1月1日から12月31日までの1年間）の残高試算表と未達事項および決算整理事項は、次のとおりであった。よって、本支店合併の貸借対照表を作成しなさい。また、未達事項整理後の本店勘定と支店勘定の一致する金額と本支店合併後の保険料の金額を求めなさい。

残 高 試 算 表　　　　　　　（単位：円）

借　　方	本　店	支　店	貸　　方	本　店	支　店
現　　　　　　金	1,496,000	895,000	支　払　手　形	1,845,000	1,128,000
当　座　預　金	2,143,000	1,546,000	買　　掛　　金	1,829,000	1,047,000
売　　掛　　金	2,485,000	1,318,000	借　　入　　金	900,000	500,000
繰　越　商　品	570,000	360,000	貸　倒　引　当　金	34,800	16,400
備　　　　　品	1,000,000	600,000	備品減価償却累計額	300,000	180,000
支　　　　　店	2,350,000	－	本　　　　　店	－	2,040,000
仕　　　　　入	7,684,000	4,745,000	資　　本　　金	5,000,000	－
給　　　　　料	900,000	600,000	売　　　　　上	9,964,000	6,045,000
支　払　家　賃	400,000	300,000	受　取　手　数　料	265,000	127,000
保　　険　　料	480,000	360,000	雑　　収　　入	98,200	44,600
広　　告　　費	320,000	200,000			
消　耗　品　費	380,000	190,000			
支　払　利　息	28,000	14,000			
	20,236,000	11,128,000		20,236,000	11,128,000

未 達 事 項

1. 支店で回収した本店の売掛金　　　　¥420,000
2. 本店が支払った支店の買掛金　　　　¥250,000
3. 本店から支店に送付した商品(原価)　¥280,000
4. 支店から本店に送付した現金　　　　¥200,000

決算整理事項

1. 期末商品棚卸高　　本店　¥560,000
　　　　　　　　　　　支店　¥390,000（未達商品は含まれていない）
2. 売掛金の期末残高について2％の貸倒れを見積もる。差額補充法により処理する。
3. 備品について、本支店ともに定額法により減価償却を行う。
　　　残存価額　取得原価の10％　　　耐用年数　6年
4. 消耗品の未使用高　　本店　¥200,000　　　支店　¥ 80,000
5. 保険料の前払高　　　本店　¥240,000　　　支店　¥120,000
6. 利息の未払高　　　　本店　¥ 8,000　　　支店　¥ 4,800
7. 手数料の未収高　　　本店　¥ 15,000　　　支店　¥ 9,000

貸借対照表

長　崎　商　店　　　　　　　　×20年12月31日

資　産	金　額	負債および純資産	金　額
現　　　　　　　金		支　払　手　形	
当　座　預　金		買　　掛　　金	
売　掛　金（　　　）		借　　入　　金	
貸倒引当金（　　　）		未　払　利　息	
商　　　　　　　品		資　　本　　金	
（　　　　　　　）		当　期　純　利　益	
前　払　保　険　料			
（　　　　　　　）			
備　　品（　　　）			
減価償却累計額（　　　）			

本店勘定・支店勘定の一致する金額	￥
本　支　店　合　併　後　の　保　険　料	￥

問題
6

精算表の作成

基本 ★★★★☆ check!

→解答・解説 P.94

日付	/	/	/
✓			

▼京都商店（個人企業、会計期間は1月1日から12月31日までの1年間）の以下の (1) 未達事項と (2) 決算整理事項、ならびに答案用紙の精算表の各試算表欄をもとに、精算表を作成しなさい。なお、売上原価の算定は仕入の行で行うものとする。

(1)未達事項

　　①本店で回収した支店の売掛金　　　　　　　¥40,000
　　②支店が支払った本店の買掛金　　　　　　　¥36,000
　　③本店から支店に送付した商品（原価）　　　¥52,000
　　④支店から本店に送付した現金　　　　　　　¥20,000

(2)決算整理事項

　　①期末商品棚卸高　　　　本店　　¥130,000
　　　　　　　　　　　　　　支店　　¥ 84,000（未達商品は含まれていない）
　　②売掛金の期末残高について3％の貸倒れを見積もる。差額補充法により処理する。
　　③備品について、本支店とも定額法により減価償却を行う。
　　　　残存価額　取得原価の10％　　耐用年数　5年
　　④消耗品の未使用高　　本店　　¥36,000　　支店　　¥16,000
　　⑤保険料の前払高　　　本店　　¥12,000　　支店　　¥ 6,000
　　⑥利息の未払高　　　　本店　　¥ 2,400　　支店　　¥ 1,400
　　⑦家賃の未払高　　　　本店　　¥24,000　　支店　　¥16,000
　　⑧手数料の未収高　　　本店　　¥ 3,000　　支店　　¥ 1,600

精　算　表　　　　　　　　　　　　　　　　（単位：円）

勘定科目	本店試算表 借方	本店試算表 貸方	支店試算表 借方	支店試算表 貸方	修正記入 借方	修正記入 貸方	損益計算書 借方	損益計算書 貸方	貸借対照表 借方	貸借対照表 貸方
現　　　　金	297,000		205,000							
当 座 預 金	352,800		252,600							
売 　掛 　金	410,800		229,200							
貸倒引当金		11,920		4,680						
繰 越 商 品	150,000		86,000							
支　　　　店	457,200		—							
備　　　　品	200,000		120,000							
備品減価償却累計額		72,000		43,200						
支 払 手 形		252,400		125,000						
買 　掛 　金		303,000		169,400						
借 　入 　金		400,000		160,000						
本　　　　店		—		389,200						
資 　本 　金		600,000								
売　　　　上		2,152,000		1,255,200						
受 取 手 数 料		9,000		4,800						
雑 　収 　入		4,680		2,920						
仕　　　　入	1,490,000		1,016,800							
給　　　　料	160,000		80,000							
支 払 家 賃	90,000		50,000							
保 　険 　料	48,000		36,000							
広 　告 　費	64,000		40,000							
消 耗 品 費	80,000		36,000							
支 払 利 息	5,200		2,800							
	3,805,000	3,805,000	2,154,400	2,154,400						
（　　　　　）										
貸倒引当金繰入										
減 価 償 却 費										
（　　）保 険 料										
（　　）利 　息										
（　　）家 　賃										
（　　）手 数 料										
当期純（　　　）										

帳簿の締切り

問題 7 合併残高試算表の作成

応用 ★☆☆☆☆ check!
→ 解答・解説 P.96

日付	/	/	/
✓			

　姫路会社は、東京に本店を置き、大阪に支店を置いている。次の〔資料1〕残高試算表および〔資料2〕未達事項・期末商品棚卸高（他の決算整理事項は考慮外とする）によって、決算整理後の本支店合併残高試算表を完成しなさい。なお、支店は商品すべてを本店から仕入れている。

〔資料1〕

残 高 試 算 表

借方科目	本 店	支 店	貸方科目	本 店	支 店
繰 越 商 品	6,635,000	2,507,000	諸 負 債	18,818,000	4,263,000
その他諸資産	43,946,000	15,080,000	純 資 産	38,946,000	－
支 店	10,063,000	－	本 店	－	9,842,000
仕 入	33,816,000	18,376,000	売 上	48,460,000	25,846,000
その他諸費用	11,764,000	3,988,000			
	106,224,000	39,951,000		106,224,000	39,951,000

〔資料2〕

未達事項

　(1)支店が回収した本店の売掛金¥55,000が本店に未達である。

　(2)本店から支店へ発送した商品¥276,000が支店に未達である。

期末商品棚卸高

　本 店 ¥7,346,000　　　支 店 ¥2,139,000（未達商品は含まれていない。）

合 併 残 高 試 算 表

借　　　　方	金　　額	貸　　　　方	金　　額
繰　越　商　品	（　　　　　）	諸　　負　　債	23,081,000
未　達　商　品	（　　　　　）	純　　資　　産	38,946,000
その他諸資産	（　　　　　）	売　　　　　上	74,306,000
仕　　　　　入	（　　　　　）		
その他諸費用	15,752,000		
合　　　　計	（　　　　　）	合　　　　計	（　　　　　）

Chapter 14
とおるポイント

連結会計の基礎知識

●連結財務諸表の意義・必要性

(1)意義

連結財務諸表とは、支配従属関係にある2つ以上の会社からなる企業集団を単一の組織体とみなして、企業集団の財政状態、経営成績、およびキャッシュ・フローの状況を総合的に報告するために親会社が作成する財務諸表をいいます。

(2)必要性

①企業グループ全体の適切な財務情報を提供

連結財務諸表を作成することで、親会社を中心とした企業グループ全体の財政状態や経営成績を開示することができ、より的確で実質にもとづいた情報を投資者に提供することができます。

②利益操作の排除

親会社は、支配従属関係にある子会社を利用し、個別上において利益操作を行うおそれがあり、このような恣意的な利益操作を連結上排除することができます。

●連結財務諸表の種類

(1)**連結損益計算書(連結P/L)**

(2)**連結株主資本等変動計算書**

(3)**連結貸借対照表(連結B/S)**

(4)**連結キャッシュ・フロー計算書(連結C/F)**

(5)**連結包括利益計算書**

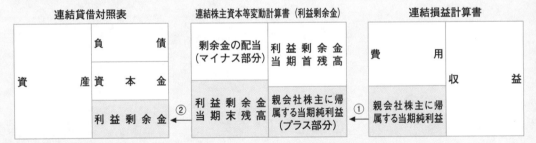

●その他の基礎知識

子会社の範囲:

子会社の範囲は、実質的に他の企業の意思決定機関を支配しているかどうかで判断する、**支配力基準**が採用されています。支配を始めた日を**支配獲得日**といい、**子会社は原則として連結の対象**となります。

①他の企業の議決権の過半数を所有している。

②議決権が50%以下であっても、高い比率の議決権を有しており、かつ当該会社の意思決定機関を支配している一定の事実が認められる。

資本連結の基本的処理

●資本連結

⑴資本連結の意義

　資本連結とは、「**親会社の投資（子会社株式）**」と「**子会社の資本**」の相殺消去を行う処理をいい、連結修正仕訳の１つです。

⑵子会社の資本

　純資産とは近似しますが異なるので、注意が必要です。

> 子会社の資本＝株主資本＋評価・換算差額等＋評価差額

●支配獲得日の処理

⑴子会社の資産・負債の評価替え

⑵個別B/Sの合算

⑶**資本連結**：「親会社の投資（子会社株式）」と「子会社の資本」を相殺消去する。

のれんの処理

●投資消去差額

> 投資消去差額：親会社の投資－子会社の資本＝ $\begin{cases} \oplus \text{のれん：無形固定資産計上・規則的償却} \\ \ominus \text{負ののれん：負ののれん発生益（特別利益）} \end{cases}$
>
> 　　　　　　　　子会社株式

Section 4 部分所有子会社の処理

●部分所有子会社の資本連結

親会社以外の株主(非支配株主)が存在する子会社(部分所有の子会社)を資本連結[01]する場合、以下の手順で行います。

①子会社の貸借対照表の資産と負債を時価で評価する。

②子会社の資本を株式の持分比率により、親会社の持分と非支配株主の持分[02]とに分ける。

③親会社の持分→親会社の投資と相殺する。

④非支配株主の持分→非支配株主持分勘定[03]に振り替える。

※01)親会社の投資勘定と、それに対応する子会社の資本を相殺することです。

※02)「持分の合計＝子会社の資本」と考えるとよいでしょう。

※03)非支配株主持分は純資産の部に表示します。

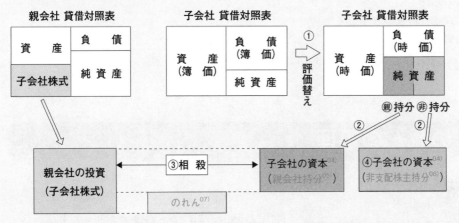

※04)子会社の資本＝親会社持分＋非支配株主持分
　　　　持 分 合 計

※05)親会社持分＝子会社の資本×親会社持分割合

※06)非支配株主持分＝子会社の資本×非支配株主持分割合

※07)のれんは、親会社の投資勘定と、それに対応する子会社の資本（親会社持分）
　　　　との差額として算定されます。

連結会計の基礎知識

問題
1

連結財務諸表の意義

基本 ★★☆☆☆ check!
→解答・解説 P.97

日付	/	/	/
✓			

▼次に示す文章の空欄に、適語を補充しなさい。

連結財務諸表とは、 (1) 関係にある2つ以上の会社からなる (2) を単一の組織体とみなして、 (2) の (3) ・ (4) ・ (5) を総合的に報告するために (6) が作成する財務諸表である。

(1)		(2)		(3)	
(4)		(5)		(6)	

問題
2

子会社の範囲

基本 ★★☆☆☆ check!
→解答・解説 P.98

日付	/	/	/
✓			

▼次の文章は、連結の範囲に含まれる子会社の判定基準を示している。文章中の「他の企業」が子会社となるように空欄に適語を補充しなさい。なお、同じ語句を2回以上使用してもよい。

1. 他の企業の (1) の過半数を (2) に所有している場合。
2. 他の企業に対する (3) の所有割合が50％以下であっても、高い比率の (3) を有しており、かつ当該会社の (4) を支配している一定の事実が認められる場合。

(1)		(2)		(3)	
(4)					

▼次の資料にもとづき、(　　　　)内の金額を示しなさい。

■資　料■
1．連結財務諸表(単位：円)

連結損益計算書

Ⅰ 売 上 高		5,000,000
Ⅱ 売 上 原 価	(	a)
売 上 総 利 益	(	b)
Ⅲ 販売費及び一般管理費		500,000
営 業 利 益	(	c)
Ⅳ 営業外収益		450,000
Ⅴ 営業外費用		350,000
経 常 利 益	(	d)
Ⅵ 特 別 利 益		200,000
Ⅶ 特 別 損 失		100,000
税金等調整前当期純利益	(	e)
法人税、住民税及び事業税		600,000
当 期 純 利 益	(	f)
非支配株主に帰属する当期純利益		100,000
親会社株主に帰属する当期純利益	(	g)

連結株主資本等変動計算書

資本金当期末残高(h)	資本金当期首残高	1,400,000
資本剰余金当期末残高(i)	資本剰余金当期首残高	150,000
剰 余 金 の 配 当 300,000	利益剰余金当期首残高	500,000
利益剰余金当期末残高(k)	親会社株主に帰属する当期純利益 (j)
非支配株主持分当期末残高 150,000	非支配株主持分当期首残高 (l)
	非支配株主持分当期変動額	70,000

連結貸借対照表

(資産の部)		(負債の部)	
Ⅰ 流 動 資 産 2,500,000	Ⅰ 流 動 負 債	800,000
Ⅱ 固 定 資 産 1,500,000	Ⅱ 固 定 負 債	1,000,000
Ⅲ 繰 延 資 産 200,000	(純資産の部)	
	Ⅰ 株 主 資 本	
	1 資 本 金 (m)	
	2 資本剰余金 150,000	
	3 利益剰余金 (n)	
	Ⅱ 非支配株主持分 150,000	
4,200,000	4,200,000	

2．原価率は70%であった。

a		b		c		d		e	
f		g		h		i		j	
k		l		m		n			

130

Section 2 資本連結の基本的処理

問題 4 支配獲得日の資本連結

基本 ★★☆☆☆ check!
→ 解答・解説 P.99

日付	/	/	/
✓			

▼ 問1．次の文章の空欄に適語を記入して文章を完成させなさい。

親会社から子会社に対する投資は、連結ベースで見ると、企業グループ内部における資金移動にすぎない。そこで　(1)　を作成するにあたって、　(2)　と　(3)　を相殺する必要があり、この　(2)　と　(3)　の相殺を　(4)　という。

▼ 問2．次の資料にもとづき、必要な連結修正仕訳を示し、連結貸借対照表を作成しなさい。

■資 料■

P社貸借対照表
×1年3月31日（単位：千円）

諸 資 産	850,000	諸 負 債	500,000
S 社 株 式	150,000	資 本 金	200,000
		利益剰余金	300,000
	1,000,000		1,000,000

S社貸借対照表
×1年3月31日（単位：千円）

諸 資 産	500,000	諸 負 債	350,000
		資 本 金	100,000
		利益剰余金	50,000
	500,000		500,000

P社は×1年3月31日にS社発行済株式の全部を150,000千円で取得し支配した。なお、P社・S社とも会計期間は4月1日から3月31日までであり、×1年3月31日においてS社の諸資産および諸負債の時価は帳簿価額に等しいものとする。

問1．

(1)		(2)		(3)	
(4)					

（単位：千円）

問2．

借 方 科 目	金 額	貸 方 科 目	金 額

連 結 貸 借 対 照 表
×1年3月31日　　　　　（単位：千円）

諸 資 産	（　　　　）	諸 負 債	（　　　　）
		資 本 金	（　　　　）
		利 益 剰 余 金	（　　　　）
	（　　　　）		（　　　　）

のれんの処理

のれんの処理

基本 ★★★★★ check!

→解答・解説 P.100

日付	/	/	/
✓			

　P社は、×1年3月31日に発行済株式総数10,000株のS社の株式のすべてを取得し支配した。×1年3月31日は、S社の決算日であり、かつP社の決算日でもある。なお、決算日にS社の資産を時価で評価したところ、土地の時価が簿価より5,000千円上昇していることが判明した。そこで、両社の貸借対照表にもとづき以下の各問に答えなさい。

■資　料■

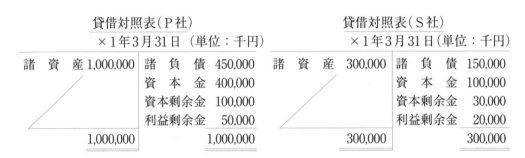

貸借対照表（P社）
×1年3月31日（単位：千円）

諸　資　産	1,000,000	諸　負　債	450,000
		資　本　金	400,000
		資本剰余金	100,000
		利益剰余金	50,000
	1,000,000		1,000,000

貸借対照表（S社）
×1年3月31日（単位：千円）

諸　資　産	300,000	諸　負　債	150,000
		資　本　金	100,000
		資本剰余金	30,000
		利益剰余金	20,000
	300,000		300,000

　（注）S社株式は諸資産に含まれている。

問1．土地の評価替えのための仕訳を示しなさい。

問2．S社株式を170,000千円で取得した場合の連結修正仕訳（S社株式勘定を用いること。以下同じ）を示し、連結貸借対照表を作成しなさい。

問3．S社株式を130,000千円で取得した場合の連結修正仕訳を示し、連結貸借対照表を作成しなさい。

問1．　　　　　　　　　　　　　　　　　　　　　　　　　　　　（単位：千円）

借　方　科　目	金　　額	貸　方　科　目	金　　額

問2．　　　　　　　　　　　　　　　　　　　　　　　　　　　　（単位：千円）

借　方　科　目	金　　額	貸　方　科　目	金　　額

連結貸借対照表

×1年3月31日　　　　　　　　　（単位：千円）

諸　　資　　産	1,135,000	諸　　負　　債	（　　　　　　）		
〔　　　　　　〕	（　　　　　　）	〔　　　　　　〕	（　　　　　　）		
		資　　本　　金	（　　　　　　）		
		資 本 剰 余 金	（　　　　　　）		
		利 益 剰 余 金	（　　　　　　）		
	（　　　　　　）		（　　　　　　）		

(注)不要な空欄はそのままにしておくこと。

問3.　　　　　　　　　　　　　　　　　　（単位：千円）

借　方　科　目	金　　額	貸　方　科　目	金　　額

連結貸借対照表

×1年3月31日　　　　　　　　　（単位：千円）

諸　　資　　産	1,175,000	諸　　負　　債	（　　　　　　）		
〔　　　　　　〕	（　　　　　　）	〔　　　　　　〕	（　　　　　　）		
		資　　本　　金	（　　　　　　）		
		資 本 剰 余 金	（　　　　　　）		
		利 益 剰 余 金	（　　　　　　）		
	（　　　　　　）		（　　　　　　）		

(注)不要な空欄はそのままにしておくこと。

部分所有子会社の処理

部分所有子会社の処理①

基本 ★★★★★ check!

→解答・解説 P.102

日付	/	/	/
✓			

　P社は、×1年3月31日にS社発行済株式の55％を22,000千円で取得し支配した。以下の資料を参考にして各問いに答えなさい。

■資　料■

1．P社の貸借対照表

貸借対照表
×1年3月31日　　（単位：千円）

諸　資　産	308,000	諸　負　債	180,000
S　社　株　式	22,000	資　本　金	100,000
		資本剰余金	30,000
		利益剰余金	20,000
	330,000		330,000

2．S社の貸借対照表

貸借対照表
×1年3月31日　　（単位：千円）

諸　資　産	100,000	諸　負　債	60,000
		資　本　金	28,000
		資本剰余金	7,000
		利益剰余金	5,000
	100,000		100,000

3．×1年3月31日において、S社の諸資産および諸負債の時価は帳簿価額に等しいものとする。

問1．P社が行うべき連結修正仕訳を示しなさい。

問2．P社グループの連結貸借対照表を作成しなさい。

問1．　　　　　　　　　　　　　　　　　　　　　　　　　　（単位：千円）

借　方　科　目	金　　額	貸　方　科　目	金　　額

問2．

連結貸借対照表
×1年3月31日　　　　　　　　（単位：千円）

諸　資　産	（　　　　　）	諸　負　債	（　　　　　）
		資　本　金	（　　　　　）
		資本剰余金	（　　　　　）
		利益剰余金	（　　　　　）
		〔　　　　　　　〕	（　　　　　）
	（　　　　　）		（　　　　　）

部分所有子会社の処理②

基本 ★★★★★ check! 日付 / / /

→ 解答・解説 P.103

　P社は、×1年3月31日にS社発行済株式の75％を37,500千円で取得し支配した。次の資料にもとづき、連結精算表を作成しなさい。

■資　料■

1．貸借対照表

貸 借 対 照 表
×1年3月31日　　　　　　　　　　（単位：千円）

借 方	P社	S社	貸 方	P社	S社
諸 資 産	107,500	73,000	諸 負 債	70,000	35,000
S 社 株 式	37,500	—	資 本 金	50,000	20,000
			資 本 剰 余 金	5,000	10,000
			利 益 剰 余 金	20,000	8,000
計	145,000	73,000	計	145,000	73,000

2．×1年3月31日においてS社の諸資産の時価は75,000千円である。諸負債の時価は帳簿価額に等しいものとする。

連 結 精 算 表　　　　　　　　（単位：千円）

科 目	P社（親会社） 借 方	P社（親会社） 貸 方	S社（子会社） 借 方	S社（子会社） 貸 方	整 理 記 入 借 方	整 理 記 入 貸 方	連結貸借対照表 借 方	連結貸借対照表 貸 方
諸 資 産	107,500		73,000					
S 社 株 式	37,500							
の れ ん								
諸 負 債		70,000		35,000				
資 本 金		50,000		20,000				
資 本 剰 余 金		5,000		10,000				
利 益 剰 余 金		20,000		8,000				
評 価 差 額								
非支配株主持分								
	145,000	145,000	73,000	73,000				

Chapter 15
とおるポイント

Section 1　財務分析の基礎と比率の覚え方

●財務分析とは

財務分析とは、財務諸表に示された各数値を用いて、**企業の状況を分析、判断すること**をいいます。

財務分析 ┬ 実数分析 ──→ 財務諸表の数値をそのまま用いる（ＣＶＰ分析など）
　　　　　└ 比率分析 ──→ 他の数値との関連で見る（本書で学習）

●財務分析の目的

財務分析には、次の目的があります。

①経営者として、自社の経営内容を把握して経営判断に活かす
②投資家として、会社の将来性を予想する
③貸付先や取引先の経営内容を確認して、貸倒れ等の損失を未然に防ぐ

●財務比率の覚え方

財務比率には、基本的には以下のルールがあります。

①１つの会計用語に率がつくもの

$$○○率：\frac{○　○}{○○が全体とするもの} × 100　（\%）$$

②連続した２つの会計用語のあとに率がつくもの

$$××○○率：\frac{○○}{××} × 100　（\%）$$

収益性分析

●収益性分析

収益性分析では、**企業の利益獲得能力**をみます。

①総資産利益率（ＲＯＡ）

資産をどれだけ効率的に運用して利益に結びつけたかを示す比率

$$総資産利益率：\frac{当期純利益}{（期首総資産＋期末総資産）÷2} × 100 （\%）$$

利益を分子とする場合、分母の貸借対照表項目は、期中平均とするために「（期首＋期末）÷2」とします。

●企業価値分析

②自己資本利益率（ＲＯＥ）

株主の立場から、自己資本をいかに有効に活用して利益を得たかを示す比率

$$自己資本利益率：\frac{当期純利益}{（期首自己資本＋期末自己資本）÷2} × 100 （\%）$$

安全性分析

●**安全性分析**

安全性分析では、**企業の支払能力**をみます。

1．短期的な支払能力の分析

①**流動(資産)比率**

流動資産による流動負債の支払能力を見る比率

$$流動比率 \Rightarrow 流動（資産）比率 = \frac{流動資産}{流動負債} \times 100（\%）$$

 当座比率、流動比率では、当座と流動の後に「資産」が省略されています。またこれらは流動負債を返済できるか否かをみる比率なので、分母は流動負債となります。

②**当座(資産)比率**

当座資産による流動負債の支払能力を見る比率

$$当座比率 \Rightarrow 当座（資産）比率 = \frac{当座資産}{流動負債} \times 100（\%）$$

 当座資産とは、流動資産のうち換金価値の高い項目をいい、現金預金、受取手形、売掛金、短期貸付金、売買目的有価証券、未収金が該当します。

2．長期的な支払能力の分析

①**総資産負債比率**

総資産(総資本)のうち返済義務のある負債の占める比率

$$総資産負債比率 = \frac{負債}{総資産} \times 100（\%）$$

 総資産負債比率が低いほど、安全性は高いと言えます。

②**自己資本比率**

総資産(総資本)のうち返済義務のない自己資本の占める比率

$$自己資本比率 = \frac{自己資本}{総資産} \times 100（\%）$$

Section 1 財務分析の基礎と比率の覚え方

問題 1 財務分析の基礎

基本 ★★☆☆☆ check!

➡解答・解説 P.104

日付	/	/	/
✓			

▼次の文章の空欄 1 ～ 5 に入る最も適切な語句を下記の語群の中から選択し解答しなさい。

　財務分析とは、財務諸表に示された各数値を用いて、 1 を分析、判断することをいい、主に実数分析と 2 の2つがある。

　財務分析の目的には、① 3 として、自社の経営内容を把握して経営判断に活かす、② 4 として、会社の将来性を予想する、③貸付先や 5 の経営内容を確認して、貸倒れ等の損失を未然に防ぐ、といったことが挙げられる。

語　群

投 資 家	経 営 者	取 引 先
比 率 分 析	株 価 分 析	差 異 分 析
企 業 の 状 況	企 業 の 株 価	企 業 の 支 払 能 力

1		2		3	
4		5			

問題

2

収益性分析

➡解答・解説 P.105

▼次の資料に基づいて、当期の総資産利益率（ROA）および自己資本利益率（ROE）を求めなさい。

なお、解答上の端数は％の小数点第２位を四捨五入し、第１位まで示すこと。ただし、小数点第１位の数値がないときは、例えば、「2.0%」のように解答すること。

貸 借 対 照 表 （単位：円）

資　産	前期末	当期末	負債・純資産	前期末	当期末
現 金 預 金	30,000	80,000	買 掛 金	4,000	14,000
売 掛 金	10,000	15,000	短 期 借 入 金	6,000	36,000
貸 倒 引 当 金	△ 200	△ 300	長 期 借 入 金	30,000	30,000
商 品	10,200	25,300	資 本 金	80,000	90,000
建 物	200,000	240,000	利 益 準 備 金	10,000	11,000
減価償却累計額	△ 50,000	△ 60,000	繰越利益剰余金	70,000	119,000
	200,000	300,000		200,000	300,000

損 益 計 算 書 （単位：円）

費　用	当　期	収　益	当　期
売 上 原 価	180,000	売 上 高	300,000
その他費用	70,000	その他収益	10,000
当 期 純 利 益	60,000		
	310,000		310,000

総資産利益率　　　　　[　　　　　]　％

自己資本利益率　　　　[　　　　　]　％

安全性分析

問題
3

安全性分析

基本 ★★★☆☆	check!	日付	/	/	/
➡解答・解説 P.106		✓			

▼次の資料に基づいて、当期の流動比率、当座比率、総資産負債比率、自己資本比率を求めなさい。なお、解答上の端数は％の小数点第2位を四捨五入し、第1位まで示すこと。ただし、小数点第1位の数値がないときは、例えば、「2.0％」のように解答すること。

貸 借 対 照 表 （単位：円）

資　産	金　額	負債・純資産	金　額
現 金 預 金	19,500	買　掛　金	50,000
売 　掛 　金	50,000	短 期 借 入 金	34,000
貸 倒 引 当 金	△ 1,000	未 払 法 人 税 等	6,000
商 　　　 品	80,000	長 期 借 入 金	20,700
建 　　　 物	140,000	資 　本 　金	100,000
減価償却累計額	△ 18,500	利 益 準 備 金	8,000
		繰 越 利 益 剰 余 金	51,300
	270,000		270,000

流 動 比 率		％
当 座 比 率		％
総資産負債比率		％
自己資本比率		％

Chapter 16

とおるポイント

特殊仕訳帳制度

●特殊仕訳帳制度

特殊仕訳帳制度とは、現金出納帳、仕入帳、売上帳など、特定の補助記入帳に仕訳帳としての機能をもたせ、これを仕訳帳として使用する帳簿の体系をいいます。

●特殊仕訳帳制度における転記

(1)総勘定元帳への転記

(2)補助元帳への転記

すべて個別転記します。

二重仕訳と二重転記

●二重仕訳と二重転記

二重仕訳とは、2つの仕訳帳にまたがって取引が記録されることをいいます。

二重転記とは、2つの仕訳帳から総勘定元帳にそれぞれ転記することで同じ取引が2度転記されることをいいます。

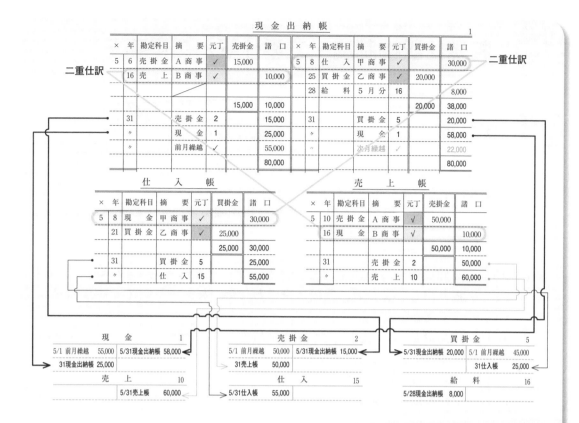

──── … 現金出納帳からの合計転記
──── … 仕入帳からの合計転記
──── … 売上帳からの合計転記

●チェックマークの意味

特殊仕訳帳制を採用している場合、チェックマーク（√）が用いられる主な場合は次の2つです。

個別転記の省略…特殊仕訳帳の特別欄に記入された金額については、合計転記が行われます。そこで、誤って個別転記をしないように元丁欄に転記不要のチェックマークを付しておきます。

二重転記の回避…2つの特殊仕訳帳にまたがって記録される取引の場合、2つの仕訳帳からそれぞれに転記をすると、1つの取引が二重に転記されることになります。そこで、二重転記を回避するため、諸口欄の勘定科目が「他の特殊仕訳帳の親勘定」の場合は、転記不要のチェックマークを付しておきます。

特殊仕訳帳制度・二重仕訳と二重転記

特殊仕訳帳①

▼次の取引を特殊仕訳帳としての現金支払帳と仕入帳に記入して、月末に締め切りなさい。また、示された勘定口座に転記（日付けと金額のみでよい）しなさい。なお、当店ではこのほかに、現金収入帳、当座預金出納帳および売上帳を特殊仕訳帳として用いている。

1月15日　高知商店から商品￥750,000を仕入れ、代金のうち￥480,000は小切手を振り出して支払い、残額は掛けとした。なお、引取運賃￥24,000は、現金で支払った。

　　16日　高知商店から仕入れた上記商品のうち一部に品違いがあったので、￥70,000分の商品を返品し、代金は買掛金と相殺した。

　　23日　徳島商店に対する前期分の買掛金のうち￥430,000を現金で支払った。

　　29日　全経銀行の当座預金口座に現金￥800,000を預け入れた。

現 金 支 払 帳

2

×21年		勘定科目	摘　　要	元丁	買 掛 金	諸　　口
			前ページから		1,218,000	965,000

仕　　入　　帳

3

×21年		勘定科目	摘　　要	元丁	買 掛 金	諸　　口
			前ページから		1,549,000	1,126,000

総 勘 定 元 帳

現　　　金　　　　1

1／1 前月繰越 1,423,000	

月中入金額は、¥2,286,000 であった。

買　掛　金　　　11

	1／1 前月繰越 1,654,000

仕　　　入　　　21

仕入先（買掛金）元帳

高　知　商　店　　1

	1／1 前月繰越 540,000

徳　島　商　店　　2

	1／1 前月繰越 730,000

問題 2 特殊仕訳帳②

➡ 解答・解説 P.109

基本 ★★★☆☆

▼次の取引を特殊仕訳帳としての現金収入帳と売上帳に記入して、月末に締め切りなさい。また、示された勘定口座に転記（日付けと金額のみでよい）しなさい。なお、当店ではこのほかに、現金支払帳、当座預金出納帳および仕入帳を特殊仕訳帳として用いている。

7月8日　大阪商店へ商品￥820,000を売り渡し、代金のうち￥500,000は現金で受け取り、残額は掛けとした。

12日　大阪商店に対する前期分の売掛金のうち￥420,000を現金で回収した。

20日　京都商店へ商品￥480,000を掛けで売り渡した。

21日　京都商店に売り渡した上記商品のうち、品違いがあったので￥60,000分の商品の返品を受け、代金は売掛金と相殺した。

29日　小切手を振り出して、全経銀行の当座預金口座から現金￥380,000を引き出した。

現　金　収　入　帳　　2

×21年	勘定科目	摘　　要	元丁	売　掛　金	諸　　口
		前ページから		1,126,000	860,000

売　　上　　帳　　3

×21年	勘定科目	摘　　要	元丁	売　掛　金	諸　　口
		前ページから		1,364,000	930,000

総 勘 定 元 帳

現　　金　　　　1

| 7／1 | 前月繰越 | 825,000 | | | |

売　掛　金　　　4

| 7／1 | 前月繰越 | 2,012,000 | | | |

売　　上　　　　20

得意先（売掛金）元帳

大　阪　商　店　　1

| 7／1 | 前月繰越 | 680,000 | | | |

京　都　商　店　　2

| 7／1 | 前月繰越 | 750,000 | | | |

　実力がつく問題の解き方をお伝えしましょう。

①まず、とにかく解く
　このとき、自信がないところも想像を働かせて、できる限り解答用紙を埋める。

②次に、採点をして解説を見る
　このとき、時間が足りずに手をつけられなかったところまで含めて、すべての解説に目を通しておく。
　ここでわかった気になって、次の問題に行くと、これまでの努力が水泡に帰す。
　分かった気になっただけでは、試験での得点にはならない。
　だから、これをやってはいけない！

③すぐに、もう一度"真剣に"解く。
　ここで、わかっているからと気を抜いて解いてはいけない。
　真剣勝負で解く。そうすればわかっている所は、頭に定着するし、わかっていないところも「わかっていない」ことがはっきりする。

④最後に、わかっていないところを復習しておく。

　つまり、勉強とは「自分がわかっている所と、わかっていないところを峻別する作業」なのです。
　こうして峻別して、わかっていないところをはっきりさせておけば、試験前の総復習もしやすく、確実に実力をつけていくことができますよ。

解答・解説編

Chapter 1
商品売買

問題 1 仕入割引の処理①

解答

借方科目	金　額	貸方科目	金　額
買　掛　金	20,000	当　座　預　金	19,700
		仕　入　割　引	300

解説

3/31	4/15	4/20	4/30
購入日	支払日	割引期限日	通常支払日

割引期限日より早く支払っているため、割引きが認められます。
¥20,000 × 1.5% = ¥300

テキスト p.1-5 ～ 1-6
参照

問題 2 仕入割引の処理②

解答

	借方科目	金　額	貸方科目	金　額
1	仕　　　　入	700,000	買　　掛　　金	700,000
2	買　　掛　　金	700,000	当　座　預　金	686,000
			仕　入　割　引	14,000

テキスト p.1-5 ～ 1-6
参照

Section
2

払出単価の計算

問題
3

払出単価の計算①

解 答

	(1)先入先出法	(2)総平均法
売 上 原 価	59,100	59,280
期末商品棚卸高	20,700	20,520

解 説

ボックス図を描いて商品の流れを整理します。

(1)先入先出法

期　　首	売上原価
@¥220 × 100個 = ¥22,000	第1回売上 $\begin{cases} @¥220 × 100個 = ¥22,000 \\ @¥232 × 20個 = ¥4,640 \end{cases}$
当期仕入	売 上 返 品　@¥232 ×△20個 =△¥4,640
第1回仕入　@¥232 × 150個 = ¥34,800	第2回売上　@¥232 × 150個 = ¥34,800
第2回仕入　@¥230 × 100個 = ¥23,000	@¥230 × 10個 = ¥2,300
合計　¥57,800	合計　　　¥59,100
	期　　末
	@¥230 × 90個 = ¥20,700

(2)総平均法

期　　首	売上原価
@¥220 × 100個 = ¥22,000	第1回売上　@¥228[01] 120個 = ¥27,360
当期仕入	売 上 返 品　@¥228 ×△20個 =△¥4,560
第1回仕入　@¥232 × 150個 = ¥34,800	第2回売上　@¥228 × 160個 = ¥36,480
第2回仕入　@¥230 × 100個 = ¥23,000	合計　　　¥59,280
合計　¥57,800	**期　　末**
	@¥228 × 90個 = ¥20,520

01)当期の払出単価
$$\frac{¥22,000 + ¥34,800 + ¥23,000}{100個 + 150個 + 100個} = @¥228$$

テキスト p.1-7 ~ 1-8
参照

3

解　答

	(1)先入先出法	(2)移動平均法	(3)総平均法
売　上　原　価	339,000	342,500	343,200
期末商品棚卸高	189,000	185,500	184,800

解　説

ボックス図を描いて商品の流れを整理します。

(1)先入先出法

期　　首		売上原価		
	@¥500 × 200個 = ¥100,000	第1回売上	@¥500 × 200個 =	¥100,000
当期仕入		第2回売上 $\begin{cases} @¥530 × 400個 = & ¥212,000 \\ @¥540 × 80個 = & ¥43,200 \end{cases}$		
第1回仕入	@¥530 × 400個 = ¥212,000			
第2回仕入	@¥540 × 400個 = ¥216,000	売上返品	@¥540 ×△ 30個 =△¥ 16,200	
	合計　¥428,000		合計	¥339,000
		期　　末		
			@¥540 × 350個 =	¥189,000

(2)移動平均法

期　　首		売上原価		
	@¥500 × 200個 = ¥100,000	第1回売上	@¥520 ×[01] 200個 =	¥104,000
当期仕入				
第1回仕入	@¥530 × 400個 = ¥212,000	第2回売上	@¥530 ×[02] 480個 =	¥254,400
第2回仕入	@¥540 × 400個 = ¥216,000			
	合計　¥428,000	売上返品	@¥530 ×[02]△ 30個 =△¥ 15,900	
			合計	¥342,500
		期　　末		
			@¥530 ×[02] 350個 =	¥185,500

01) 第1回売上の払出単価

$$\frac{¥100,000 + ¥212,000}{200個 + 400個} = @¥520$$

02) 第2回売上・売上返品の払出単価、期末商品の単価

$$\frac{¥100,000 + ¥212,000 + ¥216,000 - ¥104,000}{200個 + 400個 + 400個 - 200個} = @¥530$$

(3)総平均法

期　首		売上原価		
@¥500 × 200個 ＝ ¥100,000		第1回売上 @¥528$^{03)}$× 200個 ＝ ¥105,600		
当期仕入		第2回売上 @¥528 × 480個 ＝ ¥253,440		
第1回仕入 @¥530 × 400個 ＝ ¥212,000		売上返品 @¥528 ×△ 30個 ＝△¥ 15,840		
第2回仕入 @¥540 × 400個 ＝ ¥216,000		合計 ¥343,200		
合計　¥428,000		期　末		
		@¥528 × 350個 ＝ ¥184,800		

03）当期の払出単価

$$\frac{¥100,000 + ¥212,000 + ¥216,000}{200個 + 400個 + 400個} = @¥528$$

テキスト p.1-7 〜 1-8
参照

参考　先入先出法と総平均法の計算の仕方のコツ

　前のページの解説では、売上原価を細かく計算して合計していますが、先入先出法と総平均法では、先に期末棚卸高を計算してから、期首と当期仕入の合計から期末棚卸高を差し引くことによって簡単に売上原価を計算することができます。

⑴先入先出法

　先に期末商品の数量を求める必要があります。
　　当期仕入数量：400個 ＋ 400個 ＝ 800個
　　当期販売数量：200個 ＋ 480個 － 30個 ＝ 650個
　　期末商品数量：200個 ＋ 800個 － 650個 ＝ 350個
　先入先出法では先に仕入れたものから先に払い出すため、期末商品は最も後で仕入れたものから構成されます。また、期末商品数量は最後に仕入れた数量以下※であるため、期末商品の単価は@¥540とわかります。
　そして、期末棚卸高を計算し、期首商品と当期仕入の合計から差し引くことで売上原価を計算できます。
　　¥100,000 ＋ ¥428,000 － ¥189,000 ＝ ¥339,000

　　※　期末商品数量が最後に仕入れた数量を超える場合には、最後に仕入れた数量と、その前に仕入れた数量から構成されることに注意してください！

⑶総平均法

　総平均法でも同様に期末商品数量を計算し、総平均単価を掛けることで期末棚卸高を計算して、期首商品と当期仕入の合計から差し引くことで売上原価を計算できます。
　　¥100,000 ＋ ¥428,000 － ¥184,800 ＝ ¥343,200

　一方、移動平均法は、取得のつど、平均単価を計算していくしかありません…。

Chapter 2
履行義務の充足

問題 1 収益認識に関する会計基準による収益の認識

解 答

> 1,580 万円

解 説

> 本問の契約には 2 つの履行義務があります。
> ①商品(業務用コンピューター)を引き渡すこと
> ②当期首から 3 年間にわたり商品の運用サポートを行うこと
> これらの履行義務に対して、独立販売価格によって、取引価格を配分します。
> 履行義務①(商品を引き渡す義務)への配分:1,500万円
> 履行義務②(サポートを行う義務)への配分:240万円
> 履行義務①は、当期首にT社に商品(業務用コンピューター)を引き渡したことで充足されているため、その取引価格の全額(1,500万円)が当期の収益となります。
> 一方、履行義務②は、3 年間にわたって充足され、当期末時点では 1 年分が充足されます。よって、3 年分である取引価格240万円の 1 年分の80万円が当期の収益として計上されます。
> 当期の収益計上額:1,500万円 + 80万円 = 1,580万円

テキスト p.2-2 ～ 2-3
参照

Section 2 一時点で充足される履行義務（商品券）

問題 2 商品券（当社発行）の処理

解 答

	借方科目	金 額	貸方科目	金 額
1	現 金	61,000	商 品 券	61,000
2	商 品 券	29,000	売 上	50,000
	現 金	21,000		

解 説

1．商品券[01]の販売（発行）[02]は、商品券勘定の貸方に記入します。

2．商品を販売して初めて売上が計上されます。売上代金の一部は、商品券で充当し、残額は現金等で受け取ります。

01)
商品券の発行により、将来これと引換えに商品を引き渡す義務（履行義務）を負います。
02)
商品券の「販売」と、商品の「販売」はまったく異なります。

テキスト p.2-4 ～ 2-5
参照

Section 3 一定期間にわたり充足される履行義務（工事契約）

問題 3 工事契約

解 答

×1年度	×2年度	×3年度
3,900 万円	1,560 万円	1,040 万円

解 説

×1年度の工事収益：$6,500万円 \times \dfrac{3,000万円}{5,000万円} = 3,900万円$

×2年度の工事収益：$6,500万円 \times \dfrac{3,000万円 + 1,200万円}{5,000万円} - 3,900万円$
$= 1,560万円$

×3年度の工事収益：$6,500万円 - (3,900万円 + 1,560万円) = 1,040万円$

テキスト p.2-6～2-10
参照

Chapter 3

現金預金

1級合格のための2級の基礎知識

問題
1

通貨代用証券、当座借越

解 答

	借方科目	金 額	貸方科目	金 額
1	現 金	40,600	受 取 配 当 金	40,600
2	当 座 借 越	160,000	売 掛 金	230,000
	当 座 預 金	70,000		
	買 掛 金	150,000	当 座 預 金	90,000
			当 座 借 越	60,000

解 説

1. 未処理を適正な処理に直します。株主配当金領収書→受取配
   当金勘定で処理します。

2. 2勘定制→当座預金勘定と当座借越勘定で処理、1勘定制→当
   座勘定で処理します。当座借越勘定に残高がある場合には、ま
   ず当座借越勘定の残高をゼロにします。

テキスト p.3-2
参照

問題 2 現金過不足①

解答

	借方科目	金 額	貸方科目	金 額
1	消 耗 品 費 現 金 過 不 足	5,200 8,300	受 取 手 数 料	13,500
2	交 通 費 現 金 過 不 足	9,400 8,600	売 上	18,000
3	仕 入	53,000	消 耗 品 費 現 金 過 不 足	900 52,100

解説

1. 修正仕訳を行い、現金過不足勘定から適当な勘定へ振り替えます。
   受取手数料
   (修正仕訳)

   (借)現 金 過 不 足　13,500　(貸)受 取 手 数 料　13,500

   事務用消耗品
   (修正仕訳)

   (借)消 耗 品 費　5,200　(貸)現 金 過 不 足　5,200

2. 修正仕訳を行い、現金過不足勘定から適当な勘定へ振り替えます。
   売上
   (修正仕訳)

   (借)現 金 過 不 足　18,000　(貸)売　　　　　　上　18,000

   交通費
   (修正仕訳)

   (借)交 通 費　9,400　(貸)現 金 過 不 足　9,400

3. 修正仕訳を行いつつ、現金過不足勘定から適当な勘定へ振り替えます。
   仕入
   (修正仕訳)

   (借)仕　　　　　　入　53,000　(貸)現 金 過 不 足　53,000

   消耗品費
   (修正仕訳)

   (借)現 金 過 不 足　900　(貸)消 耗 品 費　900

テキスト p.3-2
参照

問題 **3** 現金過不足②

解答

	借方科目	金額	貸方科目	金額
1	通信費	50,000	受取手数料	13,000
	交通費	4,000	現金過不足	44,000
	雑損	3,000		
2	現金過不足	8,000	雑益	8,000

解説

現金過不足に関連する一連の問題です。

1. 不一致の原因を発見したとき

　判明した金額を現金過不足勘定から適当な勘定へ振り替えます。

　また、原因が不明のとき、残高が借方残高である場合は雑損勘定へ振り替えます。

2. 現金過不足の残高が原因不明なまま過剰に残っているので、雑益勘定に振り替えます。

テキスト p.3-2
参照

Section **1** 銀行勘定調整表

問題 **4** 仕訳

解答

	借方科目	金額	貸方科目	金額
1	当座預金	56,000	売掛金	56,000
	当座預金	48,600	買掛金	48,600
	当座預金	145,000	未払金	145,000
2	当座預金	79,800	未払金	79,800
	水道光熱費	32,300	当座預金	32,300

解説

1．不一致の仕訳を当社側が行うべきか、銀行側が行うべきかに注意します。

（当社側の調整）…仕訳必要

(1) 当座振込通知未達

（借）当座預金 56,000 （貸）売 掛 金 56,000

(3) 未渡小切手（買掛金支払い）

（借）当座預金 48,600 （貸）買 掛 金 48,600

(4) 未渡小切手（費用支払い）

（借）当座預金 145,000 （貸）未 払 金 145,000

（銀行側の調整）

(2) 未取付小切手…仕訳不要

2．不一致の仕訳を当社側が行うべきか、銀行側が行うべきかに注意します。

（当社側の調整）…仕訳必要

(2) 未渡小切手（費用支払い）

（借）当座預金 79,800 （貸）未 払 金 79,800

(3) 引落通知未達

（借）水道光熱費 32,300 （貸）当座預金 32,300

（銀行側の調整）

(1) 未取付小切手…仕訳不要

テキスト p.3-3 〜 3-12
参照

Chapter 4
手 形

問題
1 　手形の更改

解答

借方科目	金　額	貸方科目	金　額
手 形 貸 付 金	1,008,500	手 形 貸 付 金	1,000,000
		受 取 利 息	8,500

解説

　手形を使用しての貸付けは、手形貸付金勘定を使用します。手形債務者（鹿島会社）が手形債権者（当社）に対し、手形代金の支払期日延期を申し出て、手形債権者が延期を承諾した場合、手形債務者は新手形を振り出して旧手形と交換します。

テキスト p.4-2
参照

Section
1 　手形の割引・裏書と保証債務

問題
2 　手形の割引①

解答

	借方科目	金　額	貸方科目	金　額
	現　　　　金	76,000	受 取 手 形	80,000
1	手 形 売 却 損	4,000		
	保 証 債 務 費 用	2,000	保 証 債 務	2,000
2	保 証 債 務	2,000	保証債務取崩益	2,000

解説

　偶発債務（割引人としての遡求義務）を時価評価し、時価相当額を**保証債務**勘定（負債）と**保証債務費用**勘定（費用）に計上します。また、割引きを手形の売却と考え、手形金額と入金額との差額を**手形売却損**として処理します。

テキスト p.4-4〜4-5
参照

問題 3 手形の割引②

解 答

	借方科目	金 額	貸方科目	金 額
1	当 座 預 金	157,600	受 取 手 形	160,000
	手 形 売 却 損	5,600	保 証 債 務	3,200
2	当 座 借 越	197,500	受 取 手 形	200,000
	手 形 売 却 損	2,500		

解 説

1. 手形の割引きは、金融機関への手形の売却と考え、受取手形勘定の貸方に手形金額を計上します。手形金額と入金額との差額を、手形売却損勘定で処理します。

   また、本問では割引人としての遡求義務（偶発債務）を時価評価し、時価評価相当額を保証債務勘定で処理するとともに、相手勘定を手形売却損勘定とします。

2. 手形の割引きは、金融機関への手形の売却と考え、受取手形勘定の貸方に手形金額を計上します。手形金額と入金額との差額を手形売却損勘定で処理します。当座借越に残高がある場合には、まず当座借越勘定を減額させます。

テキスト p.4-4 ～ 4-5
参照

問題 4 手形の裏書

解 答

	借方科目	金 額	貸方科目	金 額
1	買 掛 金	150,000	受 取 手 形	150,000
	保 証 債 務 費 用	3,000	保 証 債 務	3,000
2	保 証 債 務	3,000	保証債務取崩益	3,000

テキスト p.4-6 ～ 4-7
参照

Chapter 5
外貨換算会計

外貨建取引

問題 1 外貨建取引とは

解答

①	換　　　算	②	決　　　済	③	取　　　引
④	決　　　済	⑤	為替差損益		

テキスト p.5-2
参照

問題 2 外貨建取引の一巡①

解答

	借 方 科 目	金　　額	貸 方 科 目	金　　額
1	仕　　　　入	60,000	買　掛　金	60,000
2	買　掛　金	6,000	仕　　　　入	6,000 (01)
3	売　掛　金	45,500	売　　　　上	45,500
4	買　掛　金	54,000	現　　　　金	51,750 (02)
			為 替 差 損 益	2,250 (03)
5	現　　　　金	43,750	売　掛　金	45,500
	為 替 差 損 益 (04)	1,750		

01)
返品時には、返品と
なる対象の仕入時の
為替レートで換算し
ます。
50ドル×@120円
=6,000円
02)
(仕入原価500ドル
ー返品分50ドル)
×決済時の為替レー
ト@115円
=51,750円
03)
差額で求めます。
04)
差額で求めます。

テキスト p.5-3〜5-7
参照

決済時の仕訳

解答

	借方科目	金額	貸方科目	金額
1	買　掛　金 為　替　差　損	2,280,000 40,000	当　座　預　金	2,320,000
2	未　払　金	6,720,000	普　通　預　金 為　替　差　益	6,300,000 420,000
3	普　通　預　金	6,240,000	売　掛　金 為　替　差　益	6,045,000 195,000

解説

1. (1) 輸入日においては、輸入した日の為替レートで換算します。

(借)仕　　　入　2,400,000　(貸)買　掛　金　2,400,000[01]

(2) 前期決算日においては、買掛金は決算日レートで換算されています。

(借)買　掛　金　120,000[02]　(貸)為　替　差　益　120,000

(3) 決済日の為替レートと前期決算日の為替レートとの換算差額は、為替差損(益)として処理します。

(借)買　掛　金　2,280,000　(貸)当　座　預　金　2,320,000

為　替　差　損　40,000[03]

2. (1) 機械は購入日の為替レートにより換算します。

(借)機　　　械　6,720,000[04]　(貸)未　払　金　6,720,000

(2) 購入日における為替レートと支払日における為替レートとの換算差額は、為替差損(益)として処理します。

(借)未　払　金　6,720,000　(貸)普　通　預　金　6,300,000

為　替　差　益　420,000[05]

01)
20,000ドル×@¥120
＝¥2,400,000

02)
20,000ドル×
(@¥114－@¥120)
＝△¥120,000

03)
20,000ドル×
(@¥116－@¥114)
＝¥40,000

04)
60,000ドル×@¥112
＝¥6,720,000

05)
60,000ドル×
(@¥105－@¥112)
＝△¥420,000

3. (1) 売却日においては、売却した日の為替レートで換算します。

（借）売　掛　金　5,785,000(06)　（貸）売　　　上　5,785,000

06)
65,000ドル×@￥89
＝￥5,785,000

(2) 前期決算日においては、売掛金は決算日レートで換算されています。

（借）売　掛　金　260,000(07)　（貸）為替差益　260,000

07)
65,000ドル×
(@￥93 －@￥89)
＝￥260,000

(3) 決済日の為替レートと前期決算日の為替レートとの換算差額は、為替差損（益）として処理します。

（借）普通預金　6,240,000　（貸）売　掛　金　6,045,000

為替差益　195,000(08)

08)
65,000ドル×
(@￥96 －@￥93)
＝￥195,000

問題 4　外貨建取引の一巡②

テキスト p.5-3〜5-7
参照

解答

（　　）に益または損を記入すること

純　仕　入　高	7,192,000
為替差（ **益** ）	280,000
買掛金期末残高	3,360,000

テキスト p.5-3〜5-7
参照

解説

(1) 11月20日

（借）仕　　　入　7,424,000　（貸）買　掛　金　7,424,000
　　　　　　　　　　　　　　　　　　　　　　　$64,000 ×@￥116

(2) 11月22日

（借）買　掛　金　232,000　（貸）仕　　　入　232,000
　　　　　　　$2,000 ×@￥116

(3) 12月20日

（借）買　掛　金　3,712,000　（貸）普　通　預　金　3,552,000

為　替　差　損　益　160,000
　　　　　　　　　　　　$32,000
　　　　　　　　　　　×(@￥111 －@￥116)

(4) 12月31日

（借）買　掛　金　120,000　（貸）為　替　差　損　益　120,000
　　　　　　　　　　　　　　　　　　$30,000
　　　　　　　　　　　　　　　×(@￥112 －@￥116)

16

Section 2 外貨建荷為替手形

問題 5 為替手形の処理

解答

	借方科目	金額	貸方科目	金額
1	買　掛　金	180,000	売　掛　金	180,000
2	仕　　　入	115,000	支　払　手　形	65,000
			現　　　金	50,000
3	受　取　手　形	280,000	売　　　上	280,000
4	受　取　手　形	100,000	売　掛　金	100,000

解説

1. 原宿商店に対する買掛金と新宿商店に対する売掛金を相殺します[01]。
2. 当社は手形の名宛人です。
3. 当社は受取人です。
4. 当社は振出人であり受取人です。そのため、受取手形勘定を増加させます。

01)
振出人には、受取手形、支払手形は無関係です。

テキスト p.5-8〜5-10
参照

解 答

	借方科目	金　額	貸方科目	金　額
1	当　座　預　金	40,000 (02)	売　　　　　上	52,500 (01)
	手　形　売　却　損	2,000		
	売　　掛　　金	10,500 (03)		
2	売　　掛　　金	500	為　替　差　損　益	500 (04)
3	現　　　　　金	11,200	売　　掛　　金	11,000 (05)
			為　替　差　損　益	200 (06)

01)
500ドル×@￥105
＝￥52,500
02)
400ドル×@￥105
－￥2,000
＝￥40,000
03)
100ドル×@￥105
＝￥10,500
04)
(@￥110－@￥105)
×100ドル＝￥500
05)
￥10,500＋￥500
＝￥11,000
06)
(@￥112－@￥110)
×100ドル
＝￥200

解 説

1. 荷為替手形の処理です。荷為替手形は、自己受為替手形の振出しと、割引きを同時に行っていると考えれば、わかりやすくなります。

(1) 自己受為替手形の振出し
商品販売と同時に、自己受為替手形を振り出したと考えます。

(借)受　取　手　形　42,000　(貸)売　　　　上　52,500
　　売　　掛　　金　10,500

(2) 自己受為替手形の割引き
この自己受為替手形を割り引いたと考えます。

(借)当　座　預　金　40,000　(貸)受　取　手　形　42,000
　　手　形　売　却　損　2,000

上記の仕訳をまとめると、解答の仕訳になります。

(借)当　座　預　金　40,000　(貸)売　　　　上　52,500
　　手　形　売　却　損　2,000
　　売　　掛　　金　10,500

2. 決算時に売掛金の換算替えを行います。

3. 決済日の為替レートと前期決算日の為替レートとの差額は、為替差損益として処理します。

テキスト p.5-11〜5-14
参照

荷為替手形②

解答

	借方科目	金額	貸方科目	金額
1	未　着　品	100,000 (01)	支　払　手　形 買　　掛　　金	70,000 30,000
2	仕　　　　入	102,000 (02)	未　着　品 現　　　　金	100,000 2,000
3	支　払　手　形 為　替　差　損　益	70,000 3,500 (03)	現　　　　金	73,500

01)
1,000ドル×@¥100
=¥100,000
02)
¥100,000＋¥2,000
=¥102,000
03)
(@¥100－@¥105)
×700ドル
=△¥3,500

解説

1．貨物代表証券を受け取った場合には未着品勘定で処理します。荷為替手形の引受けは手形の支払義務が生じるため支払手形勘定で処理し、荷為替手形以外の金額については買掛金勘定で処理します。

2．現品引取費用は商品取得のための付随費用と考え、仕入勘定に含めます。

3．決済によって生じた損益は為替差損益として処理します。

テキスト p.5-11～5-14
参照

Chapter 6
有価証券

Section
1

有価証券の追加取得

問題 **1** 平均原価の算定①

解 答

借方科目	金　額	貸方科目	金　額
現　　　金	231,000	売買目的有価証券 ⁰¹⁾	235,500
有価証券売却損 ⁰²⁾	4,500		

01)
本問では「売買目的有価証券」勘定が使われます。
02)
「有価証券運用損益」勘定でも可。

解 説

有価証券の売却

有価証券		売却価額
@¥700 100 株購入	@¥785 300 株 原価¥235,500	@¥770 ¥231,000
@¥750 500 株購入		売却損¥4,500
@¥850 400 株購入		

平均単価:

$$\frac{@¥700 × 100株 + @¥750 × 500株 + @¥850 × 400株}{1,000株} = @¥785$$

売却価額:@¥770 × 300株 = ¥231,000
売却原価:@¥785 × 300株 = ¥235,500
売却損益:¥231,000 − ¥235,500 = △¥4,500(売却損)

テキスト p.6-3 ～ 6-5
参照

問題2 平均原価の算定②

解答

借方科目	金　額	貸方科目	金　額
普 通 預 金	1,225,000	売買目的有価証券	1,140,000
		有価証券売却益[01]	85,000

[01)
「有価証券運用損益」勘定でも可。

解説

有価証券の売却

@￥1,120 2,000株購入	@￥1,140 1,000株
@￥1,180 1,000株購入	@￥1,140 2,000株

売却価額

￥1,140,000
売却益 ￥85,000

￥1,225,000

平均単価：$\dfrac{@￥1,120 \times 2,000株 + @￥1,180 \times 1,000株}{2,000株 + 1,000株} = @￥1,140$

売却価額（純額）：@￥1,250 × 1,000株 − ￥25,000 = ￥1,225,000
売却原価：@￥1,140 × 1,000株 = ￥1,140,000
売却損益：￥1,225,000 − ￥1,140,000 = ￥85,000（売却益）

テキスト p.6-3 ～ 6-5
参照

有価証券の分類

問題 3 有価証券の評価と表示

解答

	評価方法 （貸借対照表価額）	処理方法	評価差額・償却額	
			表示科目	表示区分
売買目的 有価証券	（ 時　価 ）	切放法 または洗替法	有価証券評価益（損）	損益計算書 営業外収益（営業外費用）
満期保有 目的債券	原則：取得原価	―	―	―
	償却原価	定額法	有価証券利息	損益計算書　営業外収益
子会社株式・ 関連会社株式	（ 取得原価 ）	―	―	―
その他有価証券	（ 時　価 ）	洗替法 （ 全部純資産直入 ）法	（ その他有価証券評価差額金 ）	貸借対照表　純資産の部

解説

　有価証券の評価は本試験でよく出題されるため、しっかりおさえましょう。

テキスト p.6-6 ～ 6-7
参照

問題 4 子会社株式・関連会社株式

	借方科目	金　額	貸方科目	金　額
1	子 会 社 株 式	500,000	現　　　　金	500,000
2	関 連 会 社 株 式	90,000	現　　　　金	90,000
3	子会社株式評価損	300,000	子 会 社 株 式	300,000 [01]

01)
(@￥200 － @￥500)
× 1,000 株
＝△￥300,000

解説

1. 子会社株式の取得原価：@￥500 × 1,000株 ＝ ￥500,000
2. 関連会社株式の取得原価：@￥300 × 300株 ＝ ￥90,000
3. 子会社株式および関連会社株式は、期末に取得原価で評価します。
   ただし、実質価額が著しく下落している場合、評価損を計上します。

テキスト p.6-7 ～ 6-9
参照

Section

3 その他有価証券

問題 **5** その他有価証券①

解答

	借方科目	金 額	貸方科目	金 額
(1)	その他有価証券	150,000	当 座 預 金	150,000
(2)	その他有価証券	60,000	当 座 預 金	60,000
(3)	その他有価証券評価差額金	6,000	その他有価証券	6,000
	その他有価証券	2,000	その他有価証券評価差額金	2,000

貸 借 対 照 表　　　　　　（単位：円）

資 産 の 部	純 資 産 の 部
Ⅱ　固定資産	Ⅱ　評価・換算差額等
3. 投資その他の資産	その他有価証券評価差額金（　△4,000　）
投資有価証券（　206,000　）	

解説

(1) A社株式の取得原価：@¥500 × 300 株 ＝ ¥150,000
(2) B社株式の取得原価：@¥300 × 200 株 ＝ ¥60,000
(3) A社株式：(@¥480 −@¥500)× 300 株 ＝ △¥6,000（評価損）
　　B社株式：(@¥310 −@¥300)× 200 株 ＝ ¥2,000（評価益）
　　B／S その他有価証券評価差額金：
　　　△¥6,000 ＋¥2,000 ＝ △¥4,000
　　B／S 投資有価証券：
　　　¥150,000 ＋¥60,000 −¥6,000 ＋¥2,000 ＝ ¥206,000
　　　または@¥480 ×300 株 ＋@¥310 ×200 株 ＝ ¥206,000

テキスト p.6-10 ～ 6-14
参照

解答

貸借対照表　　　　　　　　　（単位：円）

資産の部	負債の部
Ⅱ　固定資産	Ⅱ　固定負債
3. 投資その他の資産	繰延税金負債　（　　450　　）
投資有価証券　（　81,500　）	純資産の部
	Ⅱ　評価・換算差額等
	その他有価証券評価差額金（　1,050　）

解説

(1) A社株式

（借）その他有価証券	2,000 [01]	（貸）繰延税金負債	600 [02]
		その他有価証券評価差額金	1,400 [03]

(2) B社株式

（借）繰延税金資産	150 [05]	（貸）その他有価証券	500 [04]
その他有価証券評価差額金	350 [06]		

B／S繰延税金負債：¥600 － ¥150 ＝ ¥450
　　　　　　　　（B／S上、相殺して表示します。）
B／Sその他有価証券評価差額金：¥1,400 － ¥350 ＝ ¥1,050
B／S投資有価証券：¥80,000 ＋ ¥2,000 － ¥500 ＝ ¥81,500
　　　　　　　　　または¥52,000 ＋ ¥29,500 ＝ ¥81,500

01)
¥52,000 － ¥50,000
＝ ¥2,000
02)
¥2,000 × 30%
＝ ¥600
03)
¥2,000 － ¥600
＝ ¥1,400
04)
¥29,500 － ¥30,000
＝△¥500
05)
¥500 × 30%
＝ ¥150
06)
¥500 － ¥150
＝ ¥350

テキスト p.6-10 ～ 6-14
参照

Section 4　満期保有目的債券

問題 7　満期保有目的債券の処理

解答

	借方科目	金額	貸方科目	金額
1	満期保有目的債券 有価証券利息	1,977,000 20,000	未払金	1,997,000
2	満期保有目的債券 有価証券利息	1,926,500 10,000	当座預金	1,936,500
3	現金[01] 満期保有目的債券	34,500 24,000	有価証券利息	58,500

> 01)
> 期限の到来した公社債の利札は、通貨代用証券として現金勘定で処理します。

解説

1. 当社が取得した社債は、満期まで保有するものであるため、満期保有目的債券勘定で処理します。また、当該社債の取得原価は、購入価額￥1,962,000に売買手数料￥15,000を加えた金額となります。

   利付債券の購入にあたって支払った端数利息は、有価証券利息勘定の借方に記入します。本問では、×19年11月1日〜×20年1月31日までの3カ月分を端数利息として支払います。

   端数利息：$￥2,000,000 \times 4\% \times \dfrac{3カ月}{12カ月} = ￥20,000$

   （参考）
   償却原価法は、付随費用を含めた取得原価により行います。

2. 端数利息は次のように求め、有価証券利息勘定で処理します。

   端数利息 $= ￥2,000,000 \times 1.5\% \times \dfrac{4カ月（4月〜7月）}{12カ月} = ￥10,000$

3. 取得した社債の決算整理に必要な金額は、次のとおり求められます。

   ①償却額の計上

   $￥3,000,000 \times \dfrac{@￥100 - @￥96}{@￥100} \times \dfrac{12カ月}{60カ月} = ￥24,000$

   ②クーポン利息の処理

   $￥3,000,000 \times 2.3\% \times \dfrac{6カ月}{12カ月} = ￥34,500$

テキスト p.6-15 〜 6-21
参照

解答

損　益　計　算　書（一部）
自×26年4月1日至×27年3月31日　　　（単位：円）

⋮

Ⅳ　営 業 外 収 益
　　1.　受 取 配 当 金　　（　　　　600　）
　　2.　有 価 証 券 利 息　　（　　　2,400　）　（　　　　3,000　）
Ⅴ　営 業 外 費 用
　　1.（**有価証券評価損**　）　　　　　　　　（　　　　1,000　）

貸　借　対　照　表（一部）
×27年3月31日　　　　　　　（単位：円）

資産の部			
Ⅰ　流動資産		⋮	
有価証券	（　9,000　）	純資産の部	
Ⅱ　固定資産		Ⅱ　評価・換算差額等	
3. 投資その他の資産		その他有価証券評価差額金 （　1,500　）	
投資有価証券	（　209,700　）		
関係会社株式	（　200,000　）		

解説

(1) A社株式（売買目的有価証券）

　（借）有価証券評価損　　1,000[01]　（貸）売買目的有価証券　　1,000

01)
¥9,000 − ¥10,000
＝△¥1,000

(2) B社社債（満期保有目的債券）
　①前期償却額

$$（¥60,000 − ¥57,000）× \frac{12カ月（×25. 4/ 1〜×26. 3/31）}{60カ月（×25. 4/ 1〜×30. 3/31）} = ¥600$$

　前T／B 満期保有目的債券：¥57,000 ＋ ¥600 ＝ ¥57,600
　②当期償却額

$$（¥60,000 − ¥57,000）× \frac{12カ月（×26. 4/ 1〜×27. 3/31）}{60カ月（×25. 4/ 1〜×30. 3/31）} = ¥600$$

　（借）満期保有目的債券　　600　　（貸）有価証券利息　　600

(3) C社株式（関連会社株式）
　関連会社株式は、原則として、取得原価で評価します。そのため、「仕訳なし」となります。なお、関連会社株式は貸借対照表上、関係会社株式として表示します。

(4)D社株式（その他有価証券）

（借）その他有価証券　　　2,000 (02)　（貸）その他有価証券評価差額金　　2,000

(5)E社株式（その他有価証券）

（借）その他有価証券評価差額金　　500 (03)　（貸）その他有価証券　　500

投資有価証券：￥57,600 ＋ ￥600 ＋ ￥82,000 ＋ ￥69,500 ＝ ￥209,700

その他有価証券評価差額金：￥2,000 － ￥500 ＝ ￥1,500

有価証券利息：￥1,800 ＋ ￥600 ＝ ￥2,400

02)
￥82,000 － ￥80,000
＝ ￥2,000
03)
￥69,500 － ￥70,000
＝△￥500

テキスト p.6-2 ～ 6-21
参照

Section 5 利付債券の売買

問題 9 端数利息の算定①

01)
本問では「売買目的有価証券」勘定が使われます。
02)
利付債券の購入にあたって、端数利息を含めて支払います。
03)
有価証券利息勘定を用います。
04)
「有価証券運用損益」勘定でも可。

解答

	借方科目	金　額	貸方科目	金　額
1	売買目的有価証券 (01)	776,000	当 座 預 金	786,000 (02)
	有 価 証 券 利 息	10,000		
2	当 座 預 金	20,000	有 価 証 券 利 息 (03)	20,000
3	現　　　　　金	197,000	売買目的有価証券 (01)	194,000
			有 価 証 券 利 息	1,000
			有価証券売却益 (04)	2,000

解説

1．取得時

利付債券の購入にあたって支払った端数利息は、有価証券利息勘定の借方に記入します。これは、後に受け取る半年分の有価証券利息のマイナスを意味します。

購入価額：$\text{¥}800,000 \times \dfrac{@\text{¥}97}{@\text{¥}100} = \text{¥}776,000$

2．利息受取時

利息の計算：$\text{¥}800,000 \times 5\% \times \dfrac{6\text{カ月}}{12\text{カ月}} = \text{¥}20,000$

3．売却時

入金額：$\text{¥}200,000 \times \dfrac{@\text{¥}98}{@\text{¥}100} + \text{¥}1,000^{05)} = \text{¥}197,000$

売却損益：$\text{¥}197,000 - (\text{¥}200,000 \times \dfrac{@\text{¥}97}{@\text{¥}100} + \text{¥}1,000) = \text{¥}2,000$
（売却益）

05)
有価証券の売却にあたって、端数利息を含めて受け取ります。

テキスト p.6-22 ～ 6-24
参照

10 端数利息の算定②

	借方科目	金 額	貸方科目	金 額
1	売買目的有価証券 [01]	970,000	当 座 預 金	978,000
	有 価 証 券 利 息	8,000		
2	当 座 預 金	36,500	有 価 証 券 利 息	36,500
3	現　　　　金	966,200	売買目的有価証券 [01]	970,000
	有価証券売却損	20,000	有 価 証 券 利 息	16,200

01)
本問では「売買目的有価証券」勘定が使われます。

解 説

1．取得時

購入価額：$¥1,000,000 × \dfrac{@¥97}{@¥100} = ¥970,000$

利息の計算(4/1〜5/10)：$¥1,000,000 × 7.3\% × \dfrac{40日}{365日} = ¥8,000$

2．利息受取時 [02]

$¥1,000,000 × 7.3\% × \dfrac{6カ月}{12カ月} = ¥36,500$

3．売却時

利息受取額(10/1〜12/20)：$¥1,000,000 × 7.3\% × \dfrac{81日}{365日} = ¥16,200$

入 金 額：$¥1,000,000 × \dfrac{@¥95}{@¥100} + ¥16,200 = ¥966,200$

売却損益：$¥966,200 − (¥970,000 + ¥16,200) = △¥20,000$ (売却損)

02)
端数利息以外の有価証券利息は、月割計算します。

テキスト p.6-22 〜 6-24
参照

Section **6** 有価証券の差入・預り

問題 **11** 有価証券の差入・預り

解 答

	借方科目	金 額	貸方科目	金 額
1	貸 付 金	1,200,000	現　　金	1,200,000
	保管有価証券	1,102,500	預り有価証券	1,102,500
2	現　　金	1,000,000	借 入 金	1,000,000
	差入有価証券	925,000	売買目的有価証券[01]	925,000

解 説

1. 担保として有価証券を預かった場合には、預り有価証券勘定
　の増加として処理し、相手勘定に保管有価証券勘定を使用しま
　す。預り有価証券は、担保価値を表すために時価で計上します。
　　@¥7,350 × 150株 = ¥1,102,500

2. 担保として有価証券を差し入れた場合には、売買目的有価証
　券勘定を減少させるとともに差入有価証券の増加として処理し
　ます。差入有価証券の金額は、帳簿価額となります。
　　@¥1,850 × 500株 = ¥925,000

01)
有価証券勘定を使用
することもありま
す。

テキスト p.6-25 〜 6-26
参照

Chapter 7
固定資産

固定資産の割賦購入

問題
1

固定資産の割賦購入①

解答

	借方科目	金額	貸方科目	金額
1	備品	600,000	営業外支払手形	621,600
	支払利息	21,600		
2	営業外支払手形	51,800	当座預金	51,800
	前払利息	19,800	支払利息	19,800

解説

　本問は、固定資産の割賦購入について問う問題です。
1. 利息部分については、問題文の指示より支払利息で処理します。なお、支払利息の代わりに未決算や前払利息で処理することもあります。
2. 第1回目の支払日が到来したので、手形代金が当座預金口座より引き落とされます。また、支払利息のうち翌期分について、前払利息を計上します。

　前払利息(11カ月分)：¥21,600 ÷ 12回 × 11回 = ¥19,800

テキスト p.7-4 〜 7-5
参照

問題 2　固定資産の割賦購入②

解 答

貸　借　対　照　表	（単位：円）
Ⅰ 流　動　資　産	
現　金　預　金（	56,000 ）
前　払　費　用（	6,000 ）
Ⅱ 固　定　資　産	
備　　　　　品（	600,000 ）
減価償却累計額（△	25,000 ）
⋮	⋮
Ⅰ 流　動　負　債	
営業外支払手形（	366,000 ）

損　益　計　算　書	（単位：円）
Ⅲ 販売費及び一般管理費	
減　価　償　却　費（	25,000 ）
⋮	⋮
Ⅴ 営　業　外　費　用	
支　払　利　息（	4,000 ）

解 説

(1)固定資産取得時（処理済み）

利息は、問題文の指示より支払利息勘定で処理します。

（借）備　　　　　品　600,000 [01]　（貸）営業外支払手形　610,000 [02]
　　　支　払　利　息　 10,000

(2)第1回代金支払い時（未処理）

（借）営業外支払手形　122,000　（貸）現　金　預　金　122,000

(3)第2回代金支払い時（未処理）

（借）営業外支払手形　122,000　（貸）現　金　預　金　122,000

(4)利息の繰り延べ（決算時）

支払利息のうち翌期分を繰り延べます。

（借）前　払　利　息　　6,000 [03]　（貸）支　払　利　息　　6,000

(5)減価償却（決算時）

期中取得しているため、月割計算することに注意してください。

（借）減　価　償　却　費　25,000 [04]　（貸）備品減価償却累計額　25,000

現金預金：¥300,000 － ¥122,000 － ¥122,000 ＝ ¥56,000
前払利息：貸借対照表上、前払費用として表示します。
営業外支払手形：¥610,000 － ¥122,000 － ¥122,000 ＝ ¥366,000
支払利息：¥10,000 － ¥6,000 ＝ ¥4,000

01)
現金購入価額
02)
¥122,000 × 5 枚
＝¥610,000
03)
¥10,000 ÷ 5回
＝¥2,000
¥2,000 × 3回
＝¥6,000
04)
$¥600,000 ÷ 4 年 × \dfrac{2 カ月}{12 カ月}$
＝¥25,000

テキスト p.7-4 ～ 7-5
参照

問題 3　資本的支出と収益的支出

解答

	借方科目	金　額	貸方科目	金　額
1	修　繕　費	50,000	現　　　　　金	50,000
2	建　　　　物	2,000,000	当　座　預　金	3,000,000
	修　繕　費	1,000,000		
3	建　　　　物	2,500,000	当　座　預　金	7,000,000
	修　繕　費	4,500,000		

解説

2．資本的支出：¥2,000,000
　　収益的支出：¥3,000,000 − ¥2,000,000 = ¥1,000,000
3．耐用年数延長のための支出＝資本的支出→¥2,500,000
　　定期的修繕のための支出＝収益的支出→
　　　　　　　¥7,000,000 − ¥2,500,000 = ¥4,500,000

テキスト p.7-6 ～ 7-7
参照

Section 3 減価償却（定率法・生産高比例法）

問題 4 定額法・定率法

解答

借方科目	金額	貸方科目	金額
減 価 償 却 費	90,000	建物減価償却累計額	90,000
減 価 償 却 費	18,000	備品減価償却累計額	18,000

※減価償却費108,000としても可。

解説

本問は、固定資産の各減価償却方法について問う問題です。出題頻度も高いので、各算式を覚えておく必要があります。

定率法による償却額＝（取得原価－減価償却累計額）×償却率
　　　　　　　　　　　　　　　未償却残高

減価償却費(建物)：（¥3,000,000 － ¥300,000）÷ 30年 ＝ ¥90,000

減価償却費(備品)：（¥90,000 － ¥30,000）× 30% ＝ ¥18,000

テキスト p.7-8 ～ 7-12
参照

問題 5 生産高比例法

解答

	借方科目	金額	貸方科目	金額
1	車 両 運 搬 具	850,000	現　　　　金	850,000
2	減 価 償 却 費	153,000	車両運搬具減価償却累計額	153,000
3	車両運搬具減価償却累計額	153,000	車 両 運 搬 具	850,000
	減 価 償 却 費	548,250		
	現　　　　金	100,000		
	固定資産売却損	48,750		

解説

1．取得原価：¥830,000 ＋ ¥20,000 ＝ ¥850,000

2．生産高比例法による償却額＝（取得原価－残存価額）× $\dfrac{当期利用量}{総利用可能量}$
　　　　　　　　　　　　　　　　　　要償却額

$$＝（¥850,000 － ¥850,000 × 10\%）× \dfrac{6,000km}{30,000km} ＝ ¥153,000$$

3．減価償却費：$(¥850,000 - ¥850,000 × 10\%) × \dfrac{(27,500\text{km} - 6,000\text{km})}{30,000\text{km}}$

$\qquad = ¥548,250$

車両売却損益：$¥100,000 - (¥850,000 - ¥153,000 - ¥548,250)$

$\qquad\quad = △¥48,750（売却損）$

テキスト p.7-8 ~ 7-12
参照

問題 6 定率法・生産高比例法

解答

(1) 定率法による減価償却費　　¥　　9,600,000

(2) 生産高比例法による減価償却費　¥　　6,976,000

解説

(1)定率法による減価償却費

$¥32,000,000 × 2台 × 0.200 × \dfrac{9カ月}{12カ月} = ¥9,600,000$

(2)生産高比例法による減価償却費

1号車：$¥32,000,000 × \dfrac{42,300\text{km}}{450,000\text{km}} = ¥3,008,000$

2号車：$¥32,000,000 × \dfrac{55,800\text{km}}{450,000\text{km}} = ¥3,968,000$

合計　　$\overline{¥6,976,000}$

テキスト p.7-8 ~ 7-12
参照

Section

4 買換え

問題

7 下取りの処理①

解答

	借方科目	金　額	貸方科目	金　額
1	備　　　　　品	270,000	備　　　　　品	200,000
	備品減価償却累計額	103,125	未　払　金	170,000
	減 価 償 却 費	5,625	固定資産売却益	8,750
2	車 両 運 搬 具	3,000,000	車 両 運 搬 具	2,500,000
	車両運搬具減価償却累計額	1,220,000	未　払　金	2,100,000
	固定資産売却損	380,000		
3	車 両 運 搬 具	3,700,000	車 両 運 搬 具	3,500,000
	車両運搬具減価償却累計額	1,531,250	未　払　金	2,000,000
	固定資産売却損	268,750		

解説

1. ×7年12月31日時点の備品減価償却累計額

備品減価償却累計額：$（¥200,000 - ¥200,000 × 10\%）÷ 8$ 年

$$× \frac{55 カ月}{12 カ月} = ¥103,125$$

×8年1月1日から×8年3月31日までの減価償却費

減価償却費：$（¥200,000 - ¥200,000 × 10\%）÷ 8$ 年 $× \frac{3 カ月}{12 カ月} = ¥5,625$

したがって、売却損益は次のようになります。

売却損益：$¥100,000 -（¥200,000 - ¥103,125 - ¥5,625）$
$　　　　= ¥8,750$（売却益）

2. 当期の減価償却も処理済みとあるので、減価償却費は減価償却累計額に含まれていると考えます。当期末までに3年分償却されています。

1年目：$¥2,500,000 × 20\% = ¥500,000$

2年目：$（¥2,500,000 - ¥500,000）× 20\% = ¥400,000$

当期（3年目）：$（¥2,500,000 - ¥500,000 - ¥400,000）× 20\% = ¥320,000$

$¥900,000 -（¥2,500,000 - ¥500,000 - ¥400,000 - ¥320,000）$
$= △¥380,000$（売却損）

3. 売却時（当期首）までに2年分償却されています。

1年目：$¥3,500,000 × 25\% = ¥875,000$

2年目：$（¥3,500,000 - ¥875,000）× 25\% = ¥656,250$

$¥1,700,000 -（¥3,500,000 - ¥875,000 - ¥656,250）$
$= △¥268,750$（売却損）

テキスト p.7-13 ～ 7-15
参照

解 答

	借方科目	金 額	貸方科目	金 額
1	車 両 運 搬 具	3,300,000	車 両 運 搬 具	3,200,000
	車両運搬具減価償却累計額	2,400,000	当 座 預 金	2,800,000
	固 定 資 産 売 却 損	300,000		
2	車 両 運 搬 具	2,910,000	車 両 運 搬 具	2,800,000
	車両運搬具減価償却累計額	2,470,000	当 座 預 金	2,550,000
			固 定 資 産 売 却 益	30,000

解 説

　下取り価格と市場価格の差額は、新たに購入した固定資産の値引きに相当します。そのため、新たに購入した固定資産の取得価額は、購入代価から値引額を差し引いた金額となります。

テキスト p.7-13 ～ 7-15
参照

問題
9 **除却・廃棄**

解 答

	借方科目	金 額	貸方科目	金 額
1	備品減価償却累計額	610,000	備　　　　　品	700,000
	貯 蔵 品	40,000	当 座 預 金	50,000
	固 定 資 産 除 却 損	100,000		
2	備品減価償却累計額	850,000	備　　　　　品	950,000
	固 定 資 産 廃 棄 損	170,000	当 座 預 金	70,000

01)
固定資産の見積売却価額は、貯蔵品勘定を用います。

解 説

1. 解答の手順は、(i)固定資産を除却するため、固定資産の勘定を貸方へ[01]、減価償却累計額勘定を借方へ記入します。(ii)除却のために支出した額を貸方へ記入します。(iii)見積売却価額をもって貯蔵品勘定を借方へ記入します。(iv)差額が固定資産除却損益となります。
2. 解答の手順は、(i)固定資産を廃棄するため、固定資産の勘定を貸方へ、減価償却累計額勘定を借方へ記入します。(ii)廃棄のために要した額を貸方へ記入します。(iii)差額が固定資産廃棄損となります[02]。

02)
廃棄した場合、資産が手元に残らないため、貯蔵品勘定は使いません。

テキスト p.7-16 ～ 7-18
参照

Section

6 固定資産の滅失

問題 **10** 未決算の処理①

解答

	借方科目	金 額	貸方科目	金 額
1	火 災 未 決 算	12,000,000	建　　　　物 (01)	12,000,000
2	未　収　金	10,000,000	火 災 未 決 算	12,000,000
	火　災　損　失	2,000,000		

01)
直接法により記帳しているため、固定資産の勘定を直接減らします。

02)
保険金支払額＜火災未決算勘定→火災損失
保険金支払額＞未決算勘定→保険差益

テキスト p.7-19 〜 7-21
参照

解説

1. 滅失した建物の簿価 ¥12,000,000（＝¥20,000,000 － ¥8,000,000）を火災未決算勘定に振り替えます。火災未決算勘定は保険契約があることを前提に、その火災による保険金の支払額が確定するまで一時的に使用する勘定です。
2. 保険金支払額が確定したときは、火災未決算勘定の金額を取り崩します。なお、この時に、保険金支払額と火災未決算勘定残高の差額の部分は、火災損失勘定または保険差益勘定で処理します(02)。
　　火災損失：¥10,000,000 － ¥12,000,000 ＝ △¥2,000,000

問題 **11** 未決算の処理②

解答

借方科目	金 額	貸方科目	金 額
建物減価償却累計額 (01)	4,050,000	建　　　　物	6,000,000
火 災 未 決 算	2,000,000	仕　　　　入	800,000
火 災 損 失	750,000		

01)
間接法により記帳しているため、建物減価償却累計額勘定を用います。

解説

　資産が焼失した時点では保険金はまだ確定していないので、資産の帳簿価額を火災未決算勘定として処理しますが、焼失時に火災未決算勘定の金額が保険金の契約額より大きい場合には、契約額を上回る部分を火災損失勘定として処理します。
　火災損失：¥2,000,000 － {（¥6,000,000 － ¥4,050,000）＋ ¥800,000}
　　　　　 ＝ △¥750,000

テキスト p.7-19 〜 7-21
参照

問題 **12** 未決算の処理③

	借方科目	金 額	貸方科目	金 額
1	未 収 金 火 災 損 失	5,800,000 710,000	火 災 未 決 算	6,510,000
2	普 通 預 金	7,200,000	火 災 未 決 算 保 険 差 益	6,360,000 840,000

1．保険金額が確定したため、火災未決算勘定の金額を取り崩します。火災未決算勘定の金額よりも保険金支払額が少ないので、火災損失勘定で処理します。

火災損失：¥5,800,000 − ¥6,510,000 ＝ △¥710,000

なお、倉庫の焼失時に次の処理がなされています。

(借)建物減価償却累計額 1,890,000 (貸)建 物 8,400,000
火 災 未 決 算 6,510,000

2．保険金額が確定し、保険金の支払いがなされているため、火災未決算勘定の金額を取り崩します。火災未決算勘定の金額よりも保険金支払額が多いので、保険差益勘定で処理します。

保険差益：¥7,200,000 − ¥6,360,000 ＝ ¥840,000

なお、建物の焼失時に次の処理がなされています。

(借)建物減価償却累計額 8,640,000 (貸)建 物 15,000,000
火 災 未 決 算 6,360,000

テキスト p.7-19〜7-21
参照

Section 7

圧縮記帳

問題 13 圧縮記帳

解答

(1)直接控除方式

	借方科目	金額	貸方科目	金額
1	当座預金	10,000	国庫補助金受贈益	10,000
2	機械装置	40,000	当座預金	40,000
3	固定資産圧縮損	10,000	機械装置	10,000
4	減価償却費	6,000	機械装置減価償却累計額	6,000

(2)積立金方式

	借方科目	金額	貸方科目	金額
1	当座預金	10,000	国庫補助金受贈益	10,000
2	機械装置	40,000	当座預金	40,000
3	繰越利益剰余金	10,000	圧縮積立金	10,000
4	減価償却費	8,000	機械装置減価償却累計額	8,000
	圧縮積立金	2,000	繰越利益剰余金	2,000

解説

(1)直接控除方式

2. 機械装置の取得原価：¥10,000（国庫補助金）＋¥30,000（自己資金）＝¥40,000

3. 圧縮記帳後の減価償却計算：（¥40,000 − ¥10,000）÷ 5 年 ＝ ¥6,000

(2)積立金方式

1. 国庫補助金の受取りと 2. 固定資産の取得は、直接控除方式と同じです。

3. 圧縮積立金の積立額は税務上の費用として認められるため、その分国庫補助金の収益と相殺され、一時に課税されるのが回避されます。

4. 減価償却費：¥40,000 ÷ 5 年 ＝ ¥8,000

減価償却時に圧縮積立金を取り崩します。圧縮積立金の取崩額は税務上の収益として認められるため、圧縮記帳をしない場合と比べて、その分課税されます。

取崩額：¥10,000 ÷ 5 年 ＝ ¥2,000

テキスト p.7-22 〜 7-27
参照

39

減損会計

問題 14 減損会計①

解 答

<table>
<tr><td colspan="3">貸 借 対 照 表</td><td>（単位：円）</td><td colspan="2">損 益 計 算 書</td><td>（単位：円）</td></tr>
<tr><td colspan="3" align="center">⋮</td><td></td><td colspan="2" align="center">⋮</td><td></td></tr>
<tr><td colspan="3">Ⅱ 固 定 資 産</td><td></td><td colspan="2">Ⅶ 特 別 損 失</td><td></td></tr>
<tr><td colspan="3">1.有形固定資産</td><td></td><td colspan="2">〔減 損 損 失〕</td><td>（ 380,000）</td></tr>
<tr><td>〔備　　　品〕</td><td>（ 820,000）</td><td></td><td></td><td></td><td></td><td></td></tr>
<tr><td>〔減価償却累計額〕</td><td>（ 300,000）</td><td>（ 520,000）</td><td></td><td></td><td></td><td></td></tr>
</table>

解 説

テキスト p.7-28 ～ 7-32
参照

1．回収可能価額の算定

　　正味売却価額と使用価値のいずれか高い方の金額が、回収可能価額となります。

　　使用価値￥520,000＞正味売却価額￥480,000

　　以上により、回収可能価額は￥520,000となります。

2．減損損失の算定

　　帳簿価額から回収可能価額を差し引いた残額が減損損失となります。

　　なお、表示に関して問題文に特に指示がない場合には、原則の直接控除形式によります。

　　帳簿価額￥900,000－回収可能価額￥520,000＝￥380,000

　（借）減 損 損 失　380,000　（貸）備　　　品　380,000

問題
15 減損会計②

解 答

貸借対照表		(単位：円)
:		
Ⅱ　固定資産		
1.有形固定資産		
機械装置	(508,000)	
減価償却累計額	(360,000)	(148,000)

損 益 計 算 書	(単位：円)
:	
Ⅶ　特 別 損 失	
〔減 損 損 失〕	(92,000)

解 説

1．当期末簿価の算定

（借）減 価 償 却 費　60,000　　（貸）機械装置減価償却累計額　60,000

　　￥600,000 －（￥300,000 ＋ ￥60,000 [01]）＝ ￥240,000

2．回収可能価額の算定

　使用価値：￥140,000

　正味売却価額：￥160,000 － ￥12,000 ＝ ￥148,000

　　使用価値￥140,000 ＜ 正味売却価額￥148,000

　以上により、回収可能価額は￥148,000 となります。

3．減損損失の算定

　帳簿価額￥240,000 － 回収可能価額￥148,000 ＝ ￥92,000

（借）減 損 損 失　92,000　　（貸）機 械 装 置　92,000

01)
￥600,000 ÷ 10 年
＝ ￥60,000

テキスト p.7-28 ～ 7-32
参照

Section 9 無形固定資産

問題 16 特許権・のれんの償却

解答

	借方科目	金 額	貸方科目	金 額
1	特許権償却	77,000	特　許　権	77,000
2	のれん償却	20,000	の　れ　ん	20,000

解説

1. 償却額：$¥616,000^{01)} \times \dfrac{12カ月}{96カ月} = ¥77,000$

　無形固定資産の償却は通常、残存価額をゼロとした定額法により行います。

2. 償却額：$¥380,000 \times \dfrac{12カ月}{240カ月 - 12カ月} = ¥20,000^{02)}$

　　　　　当期首の
　　　　　未償却残高

のれん取得時
償却年数残り20年　　　　　残り19年　　　　　19年

前期首　未償却残　当期首　未償却残
　　　　¥400,000　　　　　¥380,000

　定額償却の場合、期首の未償却残高を残りの償却年数で割ると、償却額が算出されます。

01)
取得原価に付随費用も加算します。
02)
のれんの償却期間は、問題文中に与えられます。のれんの償却期間が20年以内であることは覚えておきましょう。

テキスト p.7-33 ～ 7-35
参照

 17　鉱業権の償却

解答

借方科目	金　額	貸方科目	金　額
鉱 業 権 償 却	38,000	鉱 　 業 　 権	38,000

解説

$$償却額：¥720,000 × \frac{19トン}{18トン×10年+17トン×9年+9トン×3年}$$
$$= ¥38,000$$

テキスト p.7-33 ～ 7-35
参照

 18　ソフトウェア

解答

貸 借 対 照 表	（単位：円）
Ⅱ　　固 定 資 産	
2　　無 形 固 定 資 産	
（ ソ フ ト ウ ェ ア ）（	110,000 ）
（ ソフトウェア仮勘定 ）（	60,000 ）

損 益 計 算 書	（単位：円）
Ⅲ 販売費及び一般管理費	
ソフトウェア償却（	10,000 ）

解説

(1)ソフトウェアA取得時
　取得に係る付随費用もソフトウェアの取得原価に含めます。

　　（借）ソフトウェア　120,000 [01]　（貸）現　　　　　金　120,000

(2)ソフトウェアA償却時
　期中取得のため月割計算を行います。

　　（借）ソフトウェア償却　10,000 [02]　（貸）ソフトウェア　10,000

(3)ソフトウェアB期末時
　期末に未完成のソフトウェアについては、ソフトウェア仮勘定に振り替えます。

　　（借）ソフトウェア仮勘定　60,000　（貸）仮　払　金　60,000

ソフトウェア：¥120,000 － ¥10,000 ＝ ¥110,000

01)
¥100,000＋¥20,000
＝¥120,000
02)
¥120,000÷5年
$$× \frac{5カ月}{12カ月}$$
＝¥10,000

テキスト p.7-33 ～ 7-35
参照

解答

貸借対照表 （単位：円）				損益計算書 （単位：円）	

Ⅰ 固 定 資 産

　１．有形固定資産

　　建　　物　（　　　1,880,000　）

　　減価償却累計額　（　△　　710,640　）

　　　　⋮　　　　　　　　　⋮

　３．投資その他の資産

　〔**投 資 不 動 産**〕（　　4,650,000　）

　　減価償却累計額　（　△　　155,000　）

Ⅲ　販売費及び一般管理費

　　減 価 償 却 費（　　　33,840　）

　　　　⋮

Ⅳ　営業外収益

　　受 　取 　家 　賃（　　135,000　）

　　　　⋮

Ⅴ　営業外費用

　〔**減 価 償 却 費**〕（　　155,000　）

解説

(1)投資不動産の取得

　投資目的で取得した建物や土地については投資不動産勘定を用います。なお、営業用の建物の場合と同様に付随費用は取得原価に含めて処理します。

　（借）投 資 不 動 産 4,650,000　（貸）当 座 預 金 4,650,000

(2)減価償却

①建物甲（営業目的）

　（¥1,880,000 − ¥1,880,000 × 10％）÷ 50年 = ¥33,840

　（借）減 価 償 却 費　 33,840　（貸）建物減価償却累計額　 33,840
　　　　-販売費及び一般管理費-

②建物乙（投資目的）

　¥4,650,000 ÷ 30年 = ¥155,000

　（借）減 価 償 却 費　 155,000　（貸）投資不動産減価償却累計額　 155,000
　　　　-営業外費用-

テキスト p.7-36 ～ 7-38
参照

Chapter 8
繰延資産

1 繰延資産

問題 1 創立費・開業費

解答

	借方科目	金 額	貸方科目	金 額
1	繰 延 創 立 費	740,000	当 座 預 金	740,000
2	繰 延 開 業 費	1,890,000	現 　 金	1,890,000
3	創 立 費 償 却	148,000	繰 延 創 立 費	148,000
	開 業 費 償 却	283,500	繰 延 開 業 費	283,500

解説

　本問は、繰延資産の計上と償却に関する問題です[01]。

　会社の設立に必須の費用は創立費となり、開業準備に要した費用は開業費となります。

　問題文により創立費・開業費は最長償却期間にわたって償却することが指示されているので、2つとも5年間で償却をします。

　なお、開業費は期首から3カ月経過後に支払われたものであるため、当期は、9カ月分の償却が行われる点に注意しましょう。

創立費の償却額：$¥740{,}000 \times \dfrac{12 カ月}{60 カ月} = ¥148{,}000$

開業費の償却額：$¥1{,}890{,}000 \times \dfrac{9 カ月}{60 カ月} = ¥283{,}500$

01)
これらの繰延資産の償却額はすべて損益計算書上、営業外費用に区分されます。

テキスト p.8-2 〜 8-4
参照

問題 2 創立費・開業費・開発費

解答

借方科目	金　額	貸方科目	金　額
創 立 費 償 却	100,000	繰 延 創 立 費	100,000
開 業 費 償 却	250,000	繰 延 開 業 費	250,000
開 発 費 償 却	200,000	繰 延 開 発 費	200,000

解説

　問題文の指示に「繰延資産については最長償却期間にわたり償却」とあるので、すべて5年で償却を行います。なお、繰延資産は月割りで償却するため、当期に支出したものであれば当期の償却月数、前期以前に支出したものであれば期首における残存償却期間を確認することが必要です。

(1)創立費
　×3年1月1日に支出したため、前期までに39カ月分は償却済みです。したがって、決算整理前残高試算表に計上されている繰延創立費は、残り21カ月で償却します。

$$償却額：¥175,000 \times \frac{12カ月}{60カ月 - 39カ月} = ¥100,000$$

(2)開業費
　×3年4月1日に支出したため、前期までに36カ月分は償却済みです。したがって、決算整理前残高試算表に計上されている繰延開業費は残り24カ月で償却します。

$$償却額：¥500,000 \times \frac{12カ月}{60カ月 - 36カ月} = ¥250,000$$

(3)開発費
　×6年10月1日(当期中)に支出したため、当期は1年目にあたります。したがって、決算整理前残高試算表に計上されている繰延開発費を当期から5年で月割償却することになります。

$$償却額：¥2,000,000 \times \frac{6カ月}{60カ月} = ¥200,000$$

テキスト p.8-2 ～ 8-4
参照

問題 ③ 開発費

解答

借方科目	金　額	貸方科目	金　額
開 発 費 償 却	1,400,000	繰 延 開 発 費	1,400,000

解説

　新商品の市場を開拓するために支出した広告宣伝費用は、開発費に該当します。開発費は支出時に費用処理することが原則ですが、繰延資産として処理することも認められます。そして、繰延処理した場合には、償却期間にわたって直接法により償却を行います。

$$開発費償却：¥4,200,000 \times \frac{12 \, カ月}{36 \, カ月} = ¥1,400,000$$

テキスト p.8-2 〜 8-4
参照

コラム 「自分の必要性」

「自分は本当に必要とされているのだろうか？」

この時代、幾度となく耳にする言葉。

「今は必要とされていないと思いますよ」、私ならこう答える。

そんな思いに駆られる人は100％の自分の力を出し切っていない人だから。

この時代、手加減して働いている人の面倒を見る余力のある会社などないし、仮に今これを良しとしてしまうと、その人は永遠に 70％から80％の力で生きていこうとし、次にはそれを100％としてさらに手加減してしまう。

そして、いずれは精一杯やっている人に「その程度でいいんだ」と思わせ、他の人の力まで70 〜 80％にしてしまう。

会社にも、周りの人にも悪影響を及ぼすことになる。

逆に日々100％の力を出し、明日はさらに上へと思っている人は自分の環境に感謝することはあっても「自分が必要とされているのだろうか？」といった愚問など、思いつきもしないものです。

以上は、会社を経営する者としての話。

しかし、人間、そんな思いに駆られるときもあるものです。

そんなときには『自分が、今、生きている』という素朴な事実と、まったくの偶然で死んでいった人たちの存在を思ってみてはどうだろうか。

おそらく『生きている』ということは、それだけで、まだ成すべきことがある証なのではないでしょうか。

逆に、人が死んでしまうのは、成すべきことが終わってしまったからではないでしょうか。ひょっとすると、周りに哀しみを教えることのために生まれてきた人もいるのかもしれません。また『長命』とは、自分自身に成すべきことを次々に与え、それに向かって取り組んでいくことで得られるのではないでしょうか。

今、試験に向かって頑張っている人は、自分自身に「合格」という成すべきことを与え、さらにその上の世界へと向かおうとされています。

今の気持ちを持続すれば、『長命』も『幸福な人生』も、みなさんのものです。

Chapter 9
引当金

1級合格のための2級の基礎知識

問題
1 **賞与引当金・修繕引当金**

解 答

	借方科目	金 額	貸方科目	金 額
1	賞与引当金繰入	3,440,000	賞 与 引 当 金	3,440,000
2	修 繕 引 当 金	1,150,000	当 座 預 金	1,280,000
	修 繕 費	130,000		

解 説

1. 従業員賞与の支給対象期間（6月1日～11月30日）のうち、当期分（6月1日～9月30日）を賞与引当金として計上します。

   賞与引当金：¥5,160,000 × $\dfrac{4\,カ月}{6\,カ月}$ ＝ ¥3,440,000

2. 前期末に修繕引当金¥1,150,000を計上しているため、まずその引当金を取り崩し、超える部分については、修繕費勘定で処理します。

テキスト p.9-2 ～ 9-3
参照

━━ **コラム** 解答用紙は、間違えるための場所 ━━

　「考えたけどわからなかった」というときに、解答用紙を白紙のままにしてしまう人がいます。これは、とってももったいないことです。

　せっかく考えたならば、答えにまでして文字にさえ残しておけば、それが当たれば嬉しくて記憶に残るし、外れれば間違えたところとして記録に残せる。どちらにしても、勉強が進みます。

　ですから「解答用紙は、間違えるための場所」と決め込んで、思いついた答えはジャンジャン書いていくようにしましょう。合格への近道です。

Section 1 さまざまな引当金

問題 2 退職給付引当金

解答

	借方科目	金 額	貸方科目	金 額
1	退職給付費用	600,000	退職給付引当金	600,000
2	退職給付引当金	500,000	当 座 預 金	500,000

解説

1．退職給付の当期負担分は、退職給付費用として費用計上します。
2．積み立てていた退職給付引当金を取り崩します。

テキスト p.9-4 〜 9-5
参照

問題 3 修繕引当金と資本的支出・収益的支出

解答

借方科目	金 額	貸方科目	金 額
修 繕 引 当 金	1,800,000	当 座 預 金	2,000,000
修 繕 費	200,000		
建 物	4,500,000	未 払 金	4,500,000

解説

　改良は資本的支出にあたるので固定資産の原価に含め、修繕は収益的支出にあたるので修繕費として当期の費用に計上します。修繕に対して修繕引当金が設定されている場合には、修繕引当金を優先的に取り崩し、修繕引当金を超過する金額のみ修繕費として計上します。

```
改良 ──→ (借)建    物  4,500,000  (貸)未 払 金  4,500,000
修繕 ──→ (借)修繕引当金  1,800,000  (貸)当 座 預 金  2,000,000
              修 繕 費    200,000
```

テキスト p.7-6、9-2
参照

問題 4 　商品保証引当金

解答

	借方科目	金　額	貸方科目	金　額
1	商品保証引当金繰入	6,600	商品保証引当金	6,600
2	商品保証引当金	4,500	現　　　金	4,500
3	商品保証引当金	2,100	商品保証引当金戻入	2,100

解説

1．商品に保証（修理や交換）を約束して販売している場合、当期に販売した商品に対し、翌期以降に保証に応じることにより発生が見込まれる費用については、商品保証引当金繰入として費用計上します。

当期繰入額：¥1,320,000 × 0.5% ＝ ¥6,600

2．保証を行ったさいには、前期末に設定した商品保証引当金を取り崩します。なお、引当金額を超える保証を行った場合には、超過額を商品保証費勘定で処理します。

3．保証期限の終了時には商品保証引当金の残高を取り崩すとともに、相手勘定を商品保証引当金戻入として収益計上します。

テキスト p.9-5 ～ 9-6
参照

問題 5 　債務保証損失引当金

解答

貸借対照表	（単位：円）	損益計算書	（単位：円）
Ⅱ 流 動 負 債		Ⅶ 特 別 損 失	
債務保証損失引当金（	900,000 ）	債務保証損失引当金繰入（	900,000 ）

解説

債務保証損失引当金繰入：¥1,000,000 － ¥100,000 ＝ ¥900,000

翌期に当社が支払う可能性が高いため、債務保証損失引当金を流動負債の区分に表示します。

テキスト p.9-7
参照

Chapter 10
負債会計

1　社債

問題 1　社債の処理（発行時）

解答

借方科目	金　額	貸方科目	金　額
当 座 預 金	48,000,000	社　　　　　債	48,000,000
社 債 発 行 費	300,000	当 座 預 金	300,000

解説

　社債発行時、社債の金額は ¥48,000,000（額面総額 ¥50,000,000 × $\dfrac{@¥96}{@¥100}$）となります。また、社債発行費の計上を忘れないようにしましょう。

テキスト p.10-2 ～ 10-5
参照

問題 2　社債の処理（一連の流れ）

解答

	借方科目	金　額	貸方科目	金　額
1	当 座 預 金	2,910,000	社　　　　　債	2,910,000
	繰延社債発行費	60,000	現　　　　　金	60,000
2	社 債 利 息 [01]	135,000	未 払 社 債 利 息	135,000
	社 債 利 息	9,000	社　　　　　債	9,000
	社債発行費償却	6,000	繰延社債発行費	6,000

01)
支払利息勘定ではなく社債利息勘定を用います。

解説

　社債の一連の取引についての問題です。
1. 社債発行時[02]（×4年7月1日）

　　発行価額：$¥3,000,000 × \dfrac{@¥97}{@¥100} = ¥2,910,000$
　　　　　　　　額面金額

02)
社債発行費を資産計上するのを忘れないでください。

2．決算日（×4年12月31日）
　（ⅰ）利息の見越計上

$$\underset{\text{額面金額}}{¥3,000,000} \times 9\% \times \frac{6\text{カ月}}{12\text{カ月}} = ¥135,000$$

　　　（×4年7月1日から12月31日までの利息）
　（ⅱ）償却額の計上 [03]

　　発行差額：¥3,000,000 − ¥2,910,000 ＝ ¥90,000

$$¥90,000 \times \frac{6\text{カ月}}{60\text{カ月}} = ¥9,000$$

　（ⅲ）社債発行費の償却 [04]

$$¥60,000 \times \frac{6\text{カ月}}{60\text{カ月}} = ¥6,000$$

03)
償却原価法によって、×4年7月1日から12月31日までの6カ月分の償却額を計上します。

04)
社債発行費は、発行日から決算日までの6カ月分を償却します。

テキスト p.10-2 ～ 10-5
参照

問題 3　社債の処理（発行時、決算時）

解答

	借方科目	金　額	貸方科目	金　額
1	当 座 預 金	29,550,000	社　　　　　債	29,550,000
	繰延社債発行費	380,000	当 座 預 金	380,000
2	社 債 利 息	200,000	社　　　　　債	200,000
	社債発行費償却	90,000	繰延社債発行費	90,000
	社 債 利 息	3,000,000	現　　　　　金	3,000,000
3	社 債 利 息	60,000	現　　　　　金	60,000
	社　　　　　債	18,000	社 債 利 息	18,000

【別解】

3	社 債 利 息	42,000	現　　　　　金	60,000
	社　　　　　債	18,000		

解説

1．社債発行時 [01]

　発行価額：$¥30,000,000 \times \dfrac{@¥98.50}{@¥100} = ¥29,550,000$

2．決算日
　（ⅰ）償却額の計上

　　発行差額：$¥80,000,000 \times \dfrac{@100 - @¥98}{@¥100} = ¥1,600,000$

$$¥1,600,000 \times \frac{12\text{カ月}}{96\text{カ月}} = ¥200,000$$

　（ⅱ）社債発行費の償却

$$¥720,000 \times \frac{12\text{カ月}}{96\text{カ月}} = ¥90,000$$

01)
社債発行費を資産計上するのを忘れないでください。

（ⅲ）社債利息の計上

$$¥80,000,000 × 7.5\% × \frac{6 \text{カ月}}{12 \text{カ月}} = ¥3,000,000$$

3．本問のように額面価額（¥3,000,000）よりも高い価額（¥3,054,000）で社債を発行することを「打歩発行」といいます。「打歩発行」は、額面価額よりも高い金額で社債を発行する（買ってもらう）代わりに、利払日の社債利息を、通常よりも高い利率に設定する発行形態です。したがって、額面金額との差額は、償還期間にわたって定額法で償却することで、社債の帳簿価額を額面価額まで減額していき、社債利息は実際の利払日に計上した社債利息と相殺するように仕訳していきます。

発行価額：$¥3,000,000 × \frac{@¥101.8}{@¥100} = ¥3,054,000$

（ⅰ）社債利息の支払い：$¥3,000,000 × 2.0\% = ¥60,000$

（ⅱ）償却額の計上：$(¥3,000,000 − ¥3,054,000) × \frac{12 \text{カ月}}{36 \text{カ月}}$

$= △¥18,000$

テキスト p.10-2 ～ 10-5
参照

Section 2 リース会計

問題 4 ファイナンス・リース取引①

解答

	借方科目	金額	貸方科目	金額
1	リース資産	6,000,000	リース債務	6,000,000
2	リース債務	112,500	現金	120,000
	支払利息	7,500		
	減価償却費	112,500	リース資産減価償却累計額	112,500
3	リース債務	210,000	現金	240,000
	支払利息	30,000		
	減価償却費	210,000	リース資産減価償却累計額	210,000

1．利子込み法による場合は、リース資産・リース債務の計上額は、リース料総額となります。

¥1,200,000 × 5 年 ＝ ¥6,000,000

2．利子抜き法による場合

①リース契約時（当期首、処理済）

リース資産・リース債務の計上額は、リース資産の見積現金購入価額となります。

（借）リ ー ス 資 産　450,000　（貸）リ ー ス 債 務　450,000

②リース料支払い時（毎期末）

まず、リース料総額から見積現金購入価額を差し引いた利息相当額をリース期間で割り、その金額を各期の支払利息として計上します。次に、リース料から利息分を控除した金額について、リース債務を減少させます。

（借）リ ー ス 債 務　112,500　（貸）現　　　　　金　120,000
　　　支 払 利 息　　7,500

支払利息：（¥120,000 × 4 年 － ¥450,000）÷ 4 年 ＝ ¥7,500

リース債務（減少額）：¥120,000 － ¥7,500 ＝ ¥112,500

③決算時（毎期末）

所有権移転外ファイナンス・リース取引では、リース期間にわたり、残存価額ゼロとして減価償却をします。

（借）減 価 償 却 費　112,500　（貸）リース資産減価償却累計額　112,500

減価償却費：¥450,000 ÷ 4 年 ＝ ¥112,500

3．利子抜き法による場合

①リース契約時（当期首、処理済）

（借）リ ー ス 資 産　1,050,000　（貸）リ ー ス 債 務　1,050,000

②リース料支払い時（毎期末）

（借）リ ー ス 債 務　210,000　（貸）現　　　　　金　240,000
　　　支 払 利 息　　30,000

支払利息：（¥240,000 × 5 年 － ¥1,050,000）÷ 5 年 ＝ ¥30,000

リース債務（減少額）：¥240,000 － ¥30,000 ＝ ¥210,000

③決算時（毎期末）

所有権移転外ファイナンス・リース取引では、リース期間にわたり、残存価額ゼロとして減価償却をします。

（借）減 価 償 却 費　210,000　（貸）リース資産減価償却累計額　210,000

減価償却費：¥1,050,000 ÷ 5 年 ＝ ¥210,000

テキスト p.10-7 ～ 10-12
参照

問題 5 ファイナンス・リース取引②

解答

(1)利子抜き法による場合

貸　借　対　照　表	（単位：円）
Ⅱ 固　定　資　産	
リ　ー　ス　資　産（	3,000 ）
減価償却累計額（△	1,000 ）
⋮	⋮
Ⅰ 流　動　負　債	
リ　ー　ス　債　務（	1,000 ）
Ⅱ 固　定　負　債	
リ　ー　ス　債　務（	1,000 ）

損　益　計　算　書	（単位：円）
Ⅲ 販売費及び一般管理費	
減　価　償　却　費（	1,000 ）
⋮	⋮
Ⅴ 営　業　外　費　用	
支　払　利　息（	200 ）

(2)利子込み法による場合

貸　借　対　照　表	（単位：円）
Ⅱ 固　定　資　産	
リ　ー　ス　資　産（	3,600 ）
減価償却累計額（△	1,200 ）
⋮	⋮
Ⅰ 流　動　負　債	
リ　ー　ス　債　務（	1,200 ）
Ⅱ 固　定　負　債	
リ　ー　ス　債　務（	1,200 ）

損　益　計　算　書	（単位：円）
Ⅲ 販売費及び一般管理費	
減　価　償　却　費（	1,200 ）
⋮	⋮
Ⅴ 営　業　外　費　用	
支　払　利　息（	0 ）

解説

(1) 利子抜き法による場合

①リース契約時（×7年4月1日）

(借)リ ー ス 資 産　　3,000　　(貸)リ ー ス 債 務　　3,000

②リース料支払い時（×8年3月31日）

(借)リ ー ス 債 務　　1,000 ⁽⁰²⁾　(貸)当 座 預 金　　1,200
　　支 払 利 息　　　　200 ⁽⁰¹⁾

③決算時（×8年3月31日）
所有権移転外ファイナンス・リース取引のため、リース期間に
わたり償却します。

(借)減 価 償 却 費　　1,000⁽⁰³⁾　(貸)リース資産減価償却累計額　　1,000

リース債務
翌期支払分：1,000千円（流動負債）
翌々期以降支払分：3,000千円 － 1,000千円 － 1,000千円
　　　　　　　　　　　　　　　当期支払分　　翌期支払分
　　　　　　＝ 1,000千円（固定負債）

01)
（￥1,200 × 3年
－￥3,000）÷ 3年
＝￥200
02)
￥1,200 －￥200
＝￥1,000
03)
￥3,000 ÷ 3年
＝￥1,000

(2) 利子込み法による場合

①リース契約時（×7年4月1日）

（借）リース資産　　　3,600　　（貸）リース債務　　　3,600

②リース料支払い時（×8年3月31日）

（借）リース債務　　　1,200　　（貸）当座預金　　　1,200

③決算時（×8年3月31日）

（借）減価償却費　　　1,200 [04]　（貸）リース資産減価償却累計額　　　1,200

04)
¥3,600 ÷ 3年
= ¥1,200

テキスト p.10-7 ～ 10-12
参照

リース債務
翌期支払分：1,200千円（流動負債）
翌々期以降支払分：3,600千円 − 1,200千円 − 1,200千円
　　　　　　　　　　　　　当期支払分　　翌期支払分
　　　　　　　　　= 1,200千円（固定負債）

コラム　心のふるさと

　昔の人達はみんな『ふるさと』をもっていた。しかし、最近はこんなに素敵なものをもっている人は決して多くない。

　私自身「ふるさとはどこですか」と聞かれると、確かに生まれ落ちたのは大阪の西成ではあるが、とてもそこをふるさととは呼べない。したがって、ふるさとのない人の一人になってしまう。

　しかし、それは肉体の話である。そして、誰しも、心にもふるさとがある。

　それは、その人の心の中に目盛がつき、自分なりの物差し（価値観）が出来た時代であり、またそのときを過ごした場所であり、一つ一つの風景や人や、言葉が心に焼きつけられている。

　そしてその頃の自分は、何ものかに没頭して、夢中になって、必死になっていたはずである。そうでないと、自分なりの物差しなどできるはずはないのだから。

　良いことがあったり、悪いことがあったり、人生の節目を迎えたりしたときに、ふと、心のふるさとに立ちかえり、そこに今でも住んでいる心の中の自分自身に話しかけたりする。

　私の場合は、明らかに大学時代を過ごした京都の伏見・深草界隈である。吉野家でバイトをし、学費を作り、未来は見えず、それでも必死になって資格をとり、彼女と一緒に暮らし始めた、あの頃である。

　この季節、京都の山々が紅く燃え立ち、人々の声がこだまする。

　そして、やがて、やわらかな風花が舞い降りる。

　私の心のふるさとにも…。

資産除去債務

問題

6 資産除去債務

解答

貸借対照表
×2年3月31日 （単位：円）

Ⅱ　固定資産			Ⅱ　固定負債		
1.有形固定資産			資産除去債務		（　30,000　）
備　　品	（　180,000　）				
減価償却累計額	（△ 60,000）	（　120,000　）			

損 益 計 算 書
×1年4月1日～×2年3月31日　　（単位：円）

Ⅲ	販売費及び一般管理費	
	減 価 償 却 費	（　60,000　）

損 益 計 算 書
×3年4月1日～×4年3月31日　　（単位：円）

Ⅲ	販売費及び一般管理費	
	減 価 償 却 費	（　60,000　）

解説

1．×1年4月1日（取得時）
　除去費用を資産除去債務として計上するとともに、固定資産の取得原価に含めます。

（借）備　　　　　品	180,000	（貸）当 座 預 金	150,000
		資 産 除 去 債 務	30,000

2．×2年3月31日（決算）
　減価償却費は、資産除去債務を含めた帳簿価額をもとに計算します。
　減価償却費：¥180,000 ÷ 3年 ＝ ¥60,000

（借）減 価 償 却 費	60,000	（貸）備品減価償却累計額	60,000

3．×3年3月31日（決算）

（借）減 価 償 却 費	60,000	（貸）備品減価償却累計額	60,000

4．×4年3月31日（除去時）

（借）減 価 償 却 費	60,000	（貸）備品減価償却累計額	60,000
（借）備品減価償却累計額	180,000	（貸）備　　　　　品	180,000
（借）資 産 除 去 債 務	30,000	（貸）当 座 預 金	30,000

テキスト p.10-13 ～ 10-16
参照

Chapter 11
資本（純資産）会計

株主資本等の分類

問題 1

純資産の部の構成

解答

イ	資本準備金	ロ	資本剰余金	ハ	剰余金
ニ	利益準備金	ホ	その他利益剰余金	ヘ	50,000
ト	75,000	チ	評価・換算差額等		

テキスト p.11-4〜11-7
参照

株式の発行と株主資本間の振替え

問題 2

増資時の株式発行

解答

借方科目	金 額	貸方科目	金 額
当 座 預 金	15,000,000	資 本 金 資 本 準 備 金 （株式払込剰余金）	7,500,000 7,500,000

解説

　新株を発行する場合には、払込期日に資本金勘定へ振り替えます。会社法の規定により、払込額のうち2分の1は資本金として計上しないことができ、その場合は資本準備金（株式払込剰余金）で処理します。

　当 座 預 金：@¥2,500 × 6,000株 ＝ ¥15,000,000

　資本金・資本準備金：@¥2,500 × 6,000株 × $\frac{1}{2}$ ＝ ¥7,500,000

テキスト p.11-8〜11-13
参照

問題 3 新株式申込証拠金の処理

解 答

	借方科目	金 額	貸方科目	金 額
1	別 段 預 金 (01)	224,000,000	新株式申込証拠金 (02)	224,000,000
2	新株式申込証拠金	224,000,000	資 本 金 (03)	112,000,000
			資 本 準 備 金	112,000,000
	当 座 預 金	224,000,000	別 段 預 金	224,000,000

解 説

別段預金：@¥80,000 × 2,800株 ＝ ¥224,000,000

資 本 金：@¥80,000 × 2,800株 × $\frac{1}{2}$ ＝ ¥112,000,000

資本準備金：貸借差額

01)
貸借対照表・流動資産に表示します。
02)
申込開始から払込期日までは新株式申込証拠金で処理し、純資産の部に表示します。
03)
払込期日に新株式申込証拠金から資本金等に振り替えます。

テキスト p.11-8～11-13
参照

問題 4 資本金及び資本準備金の減少

解 答

	借方科目	金 額	貸方科目	金 額
1	資 本 金	600,000	当 座 預 金	580,000
			資本金減少差益	20,000 (01)
2	資 本 準 備 金	100,000	資本準備金減少差益	100,000

01)
¥600,000 － ¥580,000
＝ ¥20,000

解 説

1. 会社の規模を縮小するなどのために株主へ払戻しを行った場合には資本金を減らし、資本金減少額と払戻額との差額を「**資本金減少差益**」として処理します。なお、資本金減少差益は、貸借対照表上、その他資本剰余金として表示します。
2. 配当の財源を確保するなどのために資本準備金を減らした場合には、「**資本準備金減少差益**」として処理します。なお、資本準備金減少差益は、貸借対照表上、その他資本剰余金として表示します。

　　資本金減少差益と、資本準備金減少差益は、まとめて「資本金及び資本準備金減少差益」とすることもあります。本試験では勘定科目の指示に従って、解答するようにしてください。

テキスト p.11-8～11-13
参照

問題 **5** 合 併

01)
のれんは貸借対照表
上、無形固定資産と
して表示されます。
02)
　¥85,000,000
－¥43,000,000
＝¥42,000,000
03)
合併の問題では、被
合併会社の純資産と
増加資本の大小を常
に注意してくださ
い。
04)
負ののれん発生益は
損益計算書上、特別
利益の区分に表示し
ます。

解答

	借方科目	金　額	貸方科目	金　額
1	諸　資　産	85,000,000	諸　　負　　債	43,000,000
	の　れ　ん	3,000,000	資　　本　　金	45,000,000
2	諸　資　産	85,000,000	諸　　負　　債	43,000,000
			資　　本　　金	40,000,000
			負ののれん発生益	2,000,000

解説

①のれん[01]の生じるケース

　受入純資産（¥42,000,000）[02]＜[03]増加資本（¥45,000,000）

　差額の ¥3,000,000 は被合併会社の超過収益力に原因があるため、のれんとして処理します。

②負ののれんの生じるケース

　受入純資産（¥42,000,000）＞[03]増加資本（¥40,000,000）

　差額の ¥2,000,000 は負ののれん発生益（収益）[04]として貸方に計上します。

テキスト p.11-14～11-17
参照

問題 **6** 買 収

解答

	借方科目	金　額	貸方科目	金　額
1	建　　　　物	3,000,000	借　入　金	2,000,000
	土　　　　地	6,000,000	当　座　預　金	8,000,000
	の　れ　ん	1,000,000		
2	の れ ん 償 却	50,000	の　れ　ん	50,000

解説

　受入純資産額を超える対価を支払ったときは、その差額をのれん勘定で処理します。

　受入純資産額：¥3,000,000 ＋ ¥6,000,000 － ¥2,000,000 ＝ ¥7,000,000

　のれん：¥8,000,000 － ¥7,000,000 ＝ ¥1,000,000

　のれん償却：¥1,000,000 ÷ 20 年 ＝ ¥50,000

テキスト p.11-14～11-17
参照

Section
4

剰余金の配当

問題
7

配当の決議・支払い・利益の振替えと勘定記入

解答

(1)

	借方科目	金　額	貸方科目	金　額
①	繰越利益剰余金 01)	3,350,000	利 益 準 備 金	240,000
			未 払 配 当 金	2,400,000
			別 途 積 立 金	710,000
②	未 払 配 当 金	2,400,000	当 座 預 金	2,400,000
③	損　　　　　益	8,940,000	繰越利益剰余金	8,940,000

> 01)
> 繰越利益剰余金は、純資産（資本）項目であり貸方残高です。処分時には借方に移して減少させます。貸借を逆にしないように注意してください。

(2)

繰越利益剰余金

6/30	利 益 準 備 金	240,000	4/1	前 期 繰 越	3,940,000
〃	未 払 配 当 金	2,400,000	3/31	損　　　　益	8,940,000
〃	別 途 積 立 金	710,000			
3/31	次 期 繰 越	9,530,000			
		12,880,000			12,880,000

解説

①剰余金の配当がなされなかった金額は、繰越利益剰余金勘定に残ったまま次期に繰り越されます。
②未払配当金を取り消します。
③繰越利益剰余金勘定残高に当期純利益を加算して、次期に繰り越します。

テキスト p.11-18〜11-24
参照

配当の決議・支払い・利益の振替えと株主資本等変動計算書の記入

解答

(1)

	借方科目	金額	貸方科目	金額
①	繰越利益剰余金	2,530,000	利益準備金	230,000
			未払配当金	2,300,000
②	未払配当金	2,300,000	当座預金	2,300,000
③	損益	3,880,000	繰越利益剰余金	3,880,000

01)
問題資料と仕訳問題は「円単位」ですが、株主資本等変動計算書の記入は「千円単位」なので注意してください。

(2)

株主資本等変動計算書[01]　　　　　　　　　　（単位：千円）

		株　主　資　本					
		資本剰余金	利益剰余金			株　主資　本合　計	純資産合　計
	資本金	資　本準備金	利　益準備金	その他利益剰余金			
				任　意積立金	繰越利益剰余金		
当 期 首 残 高	15,000	400	200	100	3,580	19,280	19,280
当 期 変 動 額							
剰余金の配当			230		△2,530	△2,300	△2,300
当 期 純 利 益					3,880	3,880	3,880
当期変動額合計			230		1,350	1,580	1,580
当 期 末 残 高	15,000	400	430	100	4,930	20,860	20,860

解説

　当期純利益の繰越利益剰余金への振替え、剰余金の配当は、株主資本の当期変動額として株主資本等変動計算書に記載されます。当期変動額の内訳欄の記入の仕方に注意してください。

テキスト p.11-18〜11-24
参照

問題 9　準備金の積立

解答

	借方科目	金額	貸方科目	金額
1	その他資本剰余金	2,050,000	資本準備金	50,000
			未払配当金	2,000,000
2	その他資本剰余金	660,000	未払配当金	2,100,000
	繰越利益剰余金	1,650,000	資本準備金	60,000
			利益準備金	150,000

解説

　会社法では、株主への配当を行ったさいに、資本準備金と利益準備金の合計が資本金の4分の1に達するまで、株主配当金の10分の1を準備金として積み立てることを規定しています。

　したがって、株主への配当金の10分の1の金額と、資本準備金と利益準備金の合計と資本金の4分の1との差額を比較して、どちらか小さいほうの金額を準備金として積み立てることになります。

　繰越利益剰余金からの配当：利益準備金を積み立てる

　その他資本剰余金からの配当：資本準備金を積み立てる

テキスト p.11-18〜11-24
参照

1．その他資本剰余金からの配当なので、資本準備金を積み立てます。

　株式配当金：@￥2,000 × 1,000株 ＝ ￥2,000,000

$$¥2,000,000 × \frac{1}{10} = ¥200,000 \cdots (A)$$

$$\underbrace{¥30,000,000}_{資本金} × \frac{1}{4} - (\underbrace{¥6,200,000}_{資本準備金} + \underbrace{¥1,250,000}_{利益準備金}) = ¥50,000 \cdots (B)$$

　(A) ＞ (B)　よって(B)が資本準備金積立額

2．その他資本剰余金と繰越利益剰余金の両方から配当を行う場合は、準備金の積立金額の総額を、それぞれの剰余金から配当する金額の割合で按分して積み立てます。

　株式配当金（総額）：@￥700 × 3,000株 ＝ ￥2,100,000

　(A)株主への配当金の10分の1：$¥2,100,000 × \frac{1}{10} = ¥210,000$

　(B)準備金積立可能額：$¥3,000,000 × \frac{1}{4} - (¥320,000 + ¥160,000)$
　　　　　　　　　　 $= ¥270,000$

　(A)￥210,000 ＜ (B)￥270,000よって(A)が準備金積立額：￥210,000

　資本準備金の積立額：$¥210,000 × \frac{200}{700} = ¥60,000$

　利益準備金の積立額：$¥210,000 × \frac{500}{700} = ¥150,000$

Section
5 損失の処理・欠損てん補

問題
10 損失の処理・欠損てん補

解答

	借方科目	金 額	貸方科目	金 額
1	資　　本　　金	3,000,000	繰越利益剰余金	2,700,000
			資本金減少差益	300,000
2	資　本　準　備　金	3,500,000	繰越利益剰余金	3,200,000
			資本準備金減少差益	300,000

解説

1．減少させる資本金と欠損てん補との差額は、「資本金減少差益」
　勘定で処理します。
　　資本金減少差益：¥3,000,000 − ¥2,700,000 = ¥300,000
2．減少させる資本準備金と欠損てん補との差額は、「資本準備
　金減少差益」勘定で処理します。
　　資本準備金減少差益：¥3,500,000 − ¥3,200,000 = ¥300,000

テキスト p.11-25〜11-28
参照

問題
11 任意積立金と利益準備金の取崩し

解答

(1)

	借方科目	金 額	貸方科目	金 額
①	利　益　準　備　金	2,800,000	繰越利益剰余金	4,800,000
	任　意　積　立　金	2,000,000		
②	損　　　　　益	3,200,000	繰越利益剰余金	3,200,000

(2)
繰越利益剰余金

4/1	前　期　繰　越	4,800,000	6/30	利　益　準　備　金	2,800,000
3/31	次　期　繰　越	3,200,000	〃	任　意　積　立　金	2,000,000
			3/31	損　　　　　益	3,200,000
		8,000,000			8,000,000

解説

　欠損てん補は、準備金（資本準備金と利益準備金）や任意積立金
によっててん補できます。本問では、利益準備金、任意積立金と
繰越利益剰余金を相殺します。

テキスト p.11-25〜11-28
参照

Chapter 12 決　算

1級合格のための2級の基礎知識

問題 1　法人税等・固定資産税

解答

	借方科目	金　額	貸方科目	金　額
1	法 人 税 等	1,200,000	未 払 法 人 税 等	1,200,000
2	未 払 法 人 税 等	1,200,000	当 座 預 金	1,200,000
3	租 税 公 課	300,000	未 払 税 金 (01)	300,000
4	未 払 税 金	300,000	現 金	300,000
5	仮 払 法 人 税 等	600,000	現 金	600,000
6	法 人 税 等	2,000,000	仮 払 法 人 税 等	600,000
			未 払 法 人 税 等	1,400,000
7	未 払 法 人 税 等	1,400,000	当 座 預 金	1,400,000

01)
未払税金勘定は、未払金勘定で処理することもあります。

解説

1．確定した法人税額(02)のうち、未払分は未払法人税等勘定(負債)で処理します。
2．先に計上した未払法人税等勘定の借方に記入します。
3．固定資産税や印紙税などの費用となる税金は、租税公課勘定（費用）で処理し、未払いのものは未払税金勘定(03)で処理します。
5．中間申告によって納付した法人税額は、金額が確定していないため仮払法人税等勘定(04)で処理します。
6．税額が確定した後、中間納付額を仮払法人税等勘定から法人税等勘定に振り替えます。また、確定税額から中間納付額を差し引いた残額は未払法人税等勘定で処理しておきます。
7．先に計上した未払法人税等勘定の借方に記入します。

02)
法人税等勘定は、利益のマイナス項目となる税金です。

03)
未払法人税等と混同しないでください。
04)
仮払法人税等勘定は、仮払金勘定で処理することもあります。

テキスト p.12-2 ～ 12-4
参照

問題 2　法人税等の処理

解答

借方科目	金　額	貸方科目	金　額
法　人　税　等	640,000	仮 払 法 人 税 等	245,000
		未 払 法 人 税 等	395,000

解説

中間納付額は、仮払法人税等勘定で処理されています。
法人税等の中間納付時：

(借)仮 払 法 人 税 等 245,000　(貸)現　　金　　等 245,000

決算にさいして利益額が決定し、法人税・住民税および事業税の金額が確定したら、法人税等勘定の借方に計上し、中間納付額との差額は未払法人税等勘定で処理します。

テキスト p.12-2 ～ 12-4
参照

問題 3　消費税の処理

解答

	借方科目	金　額	貸方科目	金　額
1	現　　　　金	440,000	売　　　　上	400,000
			仮 受 消 費 税	40,000
2	仕　　　　入	150,000	買　　掛　　金	165,000
	仮 払 消 費 税	15,000		
3	仮 受 消 費 税	2,587,000	仮 払 消 費 税	1,726,000
			未 払 消 費 税	861,000
4	未 払 消 費 税	861,000	当 座 預 金	861,000

解説

1．税抜方式を採用しているため、受取額に含まれている消費税額 ¥40,000を仮受消費税として売上高と分けて処理します。
2．支払額に含まれている消費税額 ¥15,000を仮払消費税として仕入高と分けて処理します。
3．仮受消費税が仮払消費税より多額である場合は、その差額分を未払消費税として処理します。
4．未払消費税は後日、国等に納付します。

Section

1 財務諸表

問題

4 損益計算書と貸借対照表の作成①

解答

損　益　計　算　書

㈱穂高会社　　×20年1月1日〜×20年12月31日　（単位：千円）

Ⅰ	売　上　高		(134,540)
Ⅱ	売　上　原　価		
	期首商品棚卸高	9,740	
	当期商品仕入高	86,640	
	合　計	96,380	
	期末商品棚卸高	(9,960)	
	差　引	(86,420)	
	商　品　評　価　損	(450)	(86,870)
	売　上　総　利　益		(47,670)
Ⅲ	販売費及び一般管理費		
	給　　　　　料	13,100	
	退　職　給　付　費　用	(620)	
	棚　卸　減　耗　費	(240)	
	貸　倒　引　当　金　繰　入	(262)	
	広　告　宣　伝　費	3,850	
	旅　　　　　費	(1,300)	
	水　道　光　熱　費	2,010	
	消　耗　品　費	(1,170)	
	減　価　償　却　費	(1,035)	
	の　れ　ん　償　却	(120)	
	雑　　　　　費	(1,540)	(25,247)
	営　業　利　益		(22,423)
Ⅳ	営　業　外　収　益		
	受　取　利　息	(75)	
	受　取　配　当　金	180	(255)
Ⅴ	営　業　外　費　用		
	支　払　利　息	(45)	
	有　価　証　券　評　価　損	(100)	(145)
	経　常　利　益		(22,533)
Ⅵ	特　別　損　失		
	減　損　損　失	(800)	
	固　定　資　産　廃　棄　損	(140)	(940)
	税引前当期純利益		(21,593)
	法　人　税　等		6,480
	当　期　純　利　益		(15,113)

貸 借 対 照 表

㈱穂高会社　　　　　×20年12月31日　　　　　（単位：千円）

資産の部	金　額	負債・純資産の部	金　額
Ⅰ　流 動 資 産	【　57,393　】	Ⅰ　流 動 負 債	【　18,160　】
現 金 預 金	（　16,740　）	買 　掛 　金	13,060
売 　掛 　金	29,500	前 　受 　金	（　400　）
有 価 証 券	（　2,100　）	未 払 法 人 税 等	（　2,620　）
商 　　　品	（　9,270　）	未 払 消 費 税	（　2,080　）
前 払 費 用	（　180　）	Ⅱ　固 定 負 債	【　12,350　】
未 収 収 益	（　75　）	長 期 借 入 金	（　5,000　）
貸 倒 引 当 金	−（　472　）	退 職 給 付 引 当 金	（　7,350　）
Ⅱ　固 定 資 産	【　40,750　】	負 債 合 計	（　30,510　）
1　有 形 固 定 資 産	（　29,775　）	Ⅰ　株 主 資 本	【　67,433　】
建 　　　物	（　19,200　）	1　資 　本 　金	25,000
備 　　　品	（　5,000　）	2　資 本 剰 余 金	13,600
土 　　　地	16,470	資 本 準 備 金	13,600
減 価 償 却 累 計 額	−（　10,895　）	3　利 益 剰 余 金	（　28,833　）
2　無 形 固 定 資 産	（　960　）	利 益 準 備 金	1,000
の 　れ 　ん	（　960　）	別 途 積 立 金	8,000
3　投 資 そ の 他 の 資 産	（　10,015　）	繰 越 利 益 剰 余 金	（　19,833　）
投 資 有 価 証 券	（　2,200　）	Ⅱ　評 価・換 算 差 額 等	【　200　】
関 係 会 社 株 式	（　5,000　）	1　その他有価証券評価差額金	（　200　）
長 期 貸 付 金	2,500	純 資 産 合 計	（　67,633　）
長 期 前 払 費 用	（　315　）		
資 産 合 計	（　98,143　）	負債・純資産合計	（　98,143　）

解　説

　決算整理事項および付記事項に関する仕訳は、次のとおりです。

1. （借）旅　　　　費　　120　　（貸）小 口 現 金　　430

　　　消 耗 品 費　　150

　　　雑　　　　費　　160

　貸借対照表上、小口現金70は当座預金16,670とともに合算して現金預金16,740として示されます。

2. （借）貸倒引当金繰入　262　　（貸）貸 倒 引 当 金　262

　貸倒引当金繰入：29,500 × 1.6% − 210 = 262

3. (1) （借）有価証券評価損　170　　（貸）売買目的有価証券　170

　　（借）売買目的有価証券　70　　（貸）有価証券評価益　70

　損益計算書上、有価証券評価損と評価益は相殺後の差額をもって記載します。

(2) 子会社株式の評価 「仕 訳 な し」

子会社株式については、決算時に原則として取得原価で評価
します。

(3) (借)その他有価証券 200 (貸)その他有価証券評価差額金 200

その他有価証券評価差額金：2,200 − 2,000 = 200
その他有価証券については決算時に時価で評価し、評価差額
は純資産の部に表示します。

4. (借)仕 入 9,740 (貸)繰 越 商 品 9,740

(借)繰 越 商 品 9,960 (貸)仕 入 9,960

(借)棚 卸 減 耗 費 240 (貸)繰 越 商 品 690

商 品 評 価 損 450

棚卸減耗費：9,960 − 9,720 = 240
商品評価損：9,720 − 9,270 = 450

5. (借)仮 払 法 人 税 等 3,860 (貸)仮 払 金 8,490

仮 払 消 費 税 4,630

備品の廃棄処分費については7を参照。

6. (借)長 期 貸 付 金 2,500 (貸)貸 付 金 2,500

(借)未 収 収 益 75 (貸)受 取 利 息 75

未収収益(未収利息)：$2,500 \times 4\% \times \dfrac{9\,カ月}{12\,カ月} = 75$

7. (1) (借)減 価 償 却 費 600 (貸)建物減価償却累計額 600

建物：20,000 × 0.9 ÷ 30年 = 600
当期末建物簿価：20,000 − 6,600 − 600 = 12,800

(2) (借)減 損 損 失 800 (貸)建 物 800

正味売却価額：13,000 − 2,000 = 11,000
回収可能価額：12,000（使用価値）＞11,000（正味売却価額）
∴ 12,000
減損損失：12,800 − 12,000 = 800
建物の帳簿価額を回収可能価額まで減額します。回収可能価
額とは、使用価値と正味売却価額のうちいずれか大きい方で
す。

(3) （借）備品減価償却累計額　　410　　（貸）備　　　　　品　　500

　　　固定資産廃棄損　　140　　　仮　払　金　　50

備品の廃棄処分費は、固定資産廃棄損に含まれます。

(4) （借）減 価 償 却 費　　435　　（貸）備品減価償却累計額　　435

備品：{(5,500 − 500) − (3,670 − 410)} × 0.250 = 435

8．（借）の れ ん 償 却　　120　　（貸）の　　れ　　ん　　120

のれん償却：1,080 ÷ (10 − 1)年 = 120

9．（借）仮　　受　　金　　7,110　　（貸）仮 受 消 費 税　　6,710

　　　　　　　　　　　　　　　　　　前　　受　　金　　400

　　（借）仮 受 消 費 税　　6,710　　（貸）仮 払 消 費 税　　4,630

　　　　　　　　　　　　　　　　　　未 払 消 費 税　　2,080

10．（借）借　　入　　金　　5,000　　（貸）長 期 借 入 金　　5,000

　　（借）前 払 費 用　　180　　（貸）支 払 利 息　　495

　　　　長 期 前 払 費 用　　315

11．（借）退 職 給 付 費 用　　620　　（貸）退職給付引当金　　620

12．（借）法 人 税 等　　6,480　　（貸）仮 払 法 人 税 等　　3,860

　　　　　　　　　　　　　　　　　　未 払 法 人 税 等　　2,620

テキスト p.12-5〜12-11
参照

問題 **5** 損益計算書と貸借対照表の作成②

解 答

【問1】 （単位：千円）

現 金 及 び 預 金	(	*31,570*)
その他有価証券評価差額金	(	*△400*)

【問2】 （単位：千円）

負 債 の 部	金 額
I 流 動 負 債	
支 払 手 形	7,200
買 掛 金	24,190
未 払 金	(*420*)
未 払 費 用	(*170*)
未 払 法 人 税 等	(*2,390*)
未 払 消 費 税	(*720*)
前 受 金	(*100*)
賞 与 引 当 金	(*1,920*)
流 動 負 債 合 計	(*37,110*)
II 固 定 負 債	
長 期 借 入 金	10,000
資 産 除 去 債 務	(*500*)
固 定 負 債 合 計	(*10,500*)
負 債 合 計	(*47,610*)

損 益 計 算 書

×20年4月1日〜×21年3月31日　（単位：千円）

Ⅰ	売　上　高		162,470
Ⅱ	売　上　原　価		
	期首商品棚卸高	15,720	
	当期商品仕入高	110,350	
	合　　計	(126,070)	
	期末商品棚卸高	(17,470)	
	差　　引	(108,600)	
	棚 卸 減 耗 費	(370)	
	商 品 評 価 損	(360)	(109,330)
	売 上 総 利 益		(53,140)
Ⅲ	販売費及び一般管理費		
	給 料 ・ 賞 与	24,250	
	賞与引当金繰入	(1,920)	
	広 告 宣 伝 費	4,180	
	貸倒引当金繰入	(520)	
	旅　　費	(2,450)	
	水 道 光 熱 費	2,960	
	減 価 償 却 費	(1,950)	
	保 　険 　料	(920)	(39,150)
	営 業 利 益		(13,990)
Ⅳ	営 業 外 収 益		
	有 価 証 券 利 息	(230)	
	受 取 配 当 金	180	
	(有価証券評価益)	(220)	
	償却債権取立益	(80)	(710)
Ⅴ	営 業 外 費 用		
	(支 払 利 息)	(170)	(170)
	経 常 利 益		(14,530)
Ⅵ	特 別 利 益		
	保 険 差 益	(420)	(420)
Ⅶ	特 別 損 失		
	(固定資産売却損)	(310)	(310)
	税引前当期純利益		(14,640)
	法 人 税 等	4,390	
	当 期 純 利 益		(10,250)

※有価証券評価益は、有価証券運用益でも正答とします。

解　説

（単位：千円、他に単位のあるものを除く）

検討事項

1. （借）現　　　　　金　　100　（貸）有価証券利息　　100

（借）当 座 預 金　　420　（貸）未　払　　金　　420

2. （借）現　　　　　金　　　30　（貸）仮　払　　金　5,760

旅　　　　費　　220

仮 払 法 人 税 等　2,000

仮 払 消 費 税　3,510

3. （借）未　収　　金　4,800　（貸）火 災 未 決 算　4,380

保 険 差 益　　420

4. （借）仮　受　　金　4,410　（貸）償却債権取立益　　80

前　受　　金　　100

仮 受 消 費 税　4,230

決算整理事項

1. （借）貸倒引当金繰入　　520　（貸）貸 倒 引 当 金　　520

$(11,710 + 33,290) \times 1.4\% - 110 = 520$

2. (1) （借）売買目的有価証券　220　（貸）有価証券評価益　220

(2) （借）満期保有目的債券　　30　（貸）有 価 証 券 利 息　　30

$5,000 \times \dfrac{@100円 - @97円}{@100円} \times \dfrac{12カ月}{60カ月} = 30$

(3) （借）その他有価証券　　500　（貸）その他有価証券評価差額金　500

（借）その他有価証券評価差額金　900　（貸）その他有価証券　900

その他有価証券評価差額金：
小山会社株式分：2,500 − 2,000 ＝ 500
大山会社株式分：2,100 − 3,000 ＝△900
500 ＋△900 ＝△400
その他有価証券については決算時に時価で評価し、評価差額
は純資産の部に表示します。

3. （借）仕　　　　　入　15,720　（貸）繰 越 商 品　15,720

（借）繰 越 商 品　17,470　（貸）仕　　　　　入　17,470

	(借)棚 卸 減 耗 費	370	(貸)繰 越 商 品	730
	商 品 評 価 損	360		

棚卸減耗費：17,470 − 17,100 ＝ 370
商品評価損：17,100 − 16,740 ＝ 360

4．(1) | (借)建 物 | 500 | (貸)資 産 除 去 債 務 | 500 |
|---|---|---|---|

資産除去債務は、発生時に負債(固定負債)として計上します。
なお、本問では建物本体は適切に計上されているため、資産
除去債務と建物の計上を行います。

(2) | (借)減 価 償 却 費 | 1,950 | (貸)建物減価償却累計額 | 550 |
|---|---|---|---|
| | | 備品減価償却累計額 | 1,400 |

建物：$(5,000 + 500) ÷ 10 年 = 550$
備品：$(9,800 − 4,200) × 0.250 = 1,400$
建物は除去費用も含めて減価償却を行います。

5． | (借)支 払 利 息 | 170 | (貸)未 払 利 息 | 170 |
|---|---|---|---|

$$10,000 × 3.4\% × \frac{6 \, カ月}{12 \, カ月} = 170$$

6． | (借)賞与引当金繰入 | 1,920 | (貸)賞 与 引 当 金 | 1,920 |
|---|---|---|---|

$$2,880 × \frac{4 \, カ月}{6 \, カ月} = 1,920$$

7． | (借)仮 受 消 費 税 | 4,230 | (貸)仮 払 消 費 税 | 3,510 |
|---|---|---|---|
| | | 未 払 消 費 税 | 720 |

8． | (借)前 払 保 険 料 | 280 | (貸)保 険 料 | 280 |
|---|---|---|---|

$$420 × \frac{(6 \, カ月 − 2 \, カ月)}{6 \, カ月} = 280$$

9． | (借)法 人 税 等 | 4,390 | (貸)仮 払 法 人 税 等 | 2,000 |
|---|---|---|---|
| | | 未 払 法 人 税 等 | 2,390 |

テキスト p.12-5〜12-11
参照

解答

【問1】

(単位：千円)

資　産　の　部	金　　額
Ⅰ　流　動　資　産	
現　金　預　金	（　　39,705）
売　　掛　　金	41,500
有　価　証　券	（　　4,890）
商　　　　　品	（　　18,010）
未収還付消費税	（　　250）
前　払　費　用	（　　2,160）
未　収　収　益	（　　300）
貸　倒　引　当　金	△（　　830）
流　動　資　産　合　計	（　　105,985）
Ⅱ　固　　定　　資　　産	
1　有　形　固　定　資　産	
建　　　　　　物	42,000
備　　　　　品	10,800
土　　　　　地	（　　24,960）
（**建　設　仮　勘　定**）	（　　1,730）
減　価　償　却　累　計　額	△（　　20,120）
有形固定資産合計	（　　59,370）
2　無　形　固　定　資　産	
（**商　　標　　権**）	（　　2,240）
無形固定資産合計	（　　2,240）
3　投資その他の資産	
（**長　期　前　払　費　用**）	（　　1,800）
投　資　不　動　産	（　　5,800）
投資その他の資産合計	（　　7,600）
固　定　資　産　合　計	（　　69,210）
資　産　合　計	（　　175,195）

【問2】

(単位：千円)

資　本　準　備　金	（　　10,650）

【問3】

損　益　計　算　書

㈱奥入瀬商事会社　　×20年10月1日～×21年9月30日　　（単位：千円）

Ⅰ　売　上　高　　　　　　　　　　　　　　　　　　　　　　198,290
Ⅱ　売　上　原　価
　　　　期首商品棚卸高　　　　　　18,400
　　　　当期商品仕入高　　　　　 132,610
　　　　合　　　計　　　　（　 151,010）
　　　　期末商品棚卸高　　（　　18,740）
　　　　差　　　引　　　　（　 132,270）
　　　　棚　卸　減　耗　費　　（　　　300）
　　　　商　品　評　価　損　　（　　　430）　　（　 133,000）
　　　　　売　上　総　利　益　　　　　　　　　（　　65,290）
Ⅲ　販売費及び一般管理費
　　　　給　　　　料　　　　　　 29,490
　　　　退職給付費用　　　　（　　1,750）
　　　　貸倒引当金繰入　　　（　　　590）
　　　（商　標　権　償　却）　　（　　　320）
　　　　旅　　　　費　　　　　　　2,120
　　　　水　道　光　熱　費　　　　　1,860
　　　　減　価　償　却　費　　（　　2,030）
　　　　修　　繕　　費　　　（　　　630）
　　　　不　動　産　賃　借　料　（　　2,160）
　　　　雑　　　　費　　　　　　　3,905　　（　　44,855）
　　　　　営　業　利　益　　　　　　　　　　（　　20,435）
Ⅳ　営　業　外　収　益
　　　　受　取　配　当　金　　（　　　760）
　　　（投資不動産賃貸料）　（　　1,800）　　（　　2,560）
Ⅴ　営　業　外　費　用
　　　（有価証券評価損)※　 （　　　240）　　（　　　240）
　　　　　経　常　利　益　　　　　　　　　　（　　22,755）
Ⅵ　特　別　損　失
　　　（風　水　害　損　失)※（　　3,650）　　（　　3,650）
　　　　税引前当期純利益　　　　　　　　　　（　　19,105）
　　　　法　人　税　等　　　　　　　5,800
　　　　当　期　純　利　益　　　　　　　　　（　　13,305）

※有価証券評価損は有価証券運用損、風水害損失は災害損失でもよい。

解　説

　検討事項および決算整理事項に従って、必要な仕訳を以下のとおり行います。なお、単位は千円とします。ただし、他に単位のあるものを除きます。

検討事項

1.　(借)現　　　　金　　140　　(貸)受 取 配 当 金　　140

　　貸借対照表上、現金と当座預金は現金預金勘定にまとめて表示します。

2.　(1)　(借)建 設 仮 勘 定　1,730　　(貸)仮　　払　　金　1,730

　　(2)　(借)仮 払 法 人 税 等　2,800　　(貸)仮　　払　　金　2,800

　　(3)　(借)仮 払 消 費 税　10,160　　(貸)仮　　払　　金　10,160

3.　(借)仮　受　金　9,910　　(貸)仮 受 消 費 税　9,910

　　(借)仮 受 消 費 税　9,910　　(貸)仮 払 消 費 税　10,160

　　　　未収還付消費税　250

4.　(借)風 水 害 損 失　3,650　　(貸)修　　繕　　費　3,650

5.　(借)投 資 不 動 産　5,800　　(貸)土　　　　地　5,800

6.　(借)当 座 預 金　8,500　　(貸)資　　本　　金　4,250

　　　　　　　　　　　　　　　　資 本 準 備 金　4,250

　　$@17 \times 500株 \times \dfrac{1}{2} = 4,250$

決算整理事項

1.　(借)貸倒引当金繰入　590　　(貸)貸 倒 引 当 金　590

　　$41,500 \times 2\% - 240 = 590$

2.　(借)売買目的有価証券　230　　(貸)有価証券評価益　230

　　(借)有価証券評価損　470　　(貸)売買目的有価証券　470

　　損益計算書上、有価証券評価益および評価損は相殺し、純額で表示します。

3.　(借)仕　　　　入　18,400　　(貸)繰 越 商 品　18,400

　　(借)繰 越 商 品　18,740　　(貸)仕　　　　入　18,740

　　(借)棚 卸 減 耗 費　300　　(貸)繰 越 商 品　730

　　　　商 品 評 価 損　430

　　期末棚卸高　a商品：445個×@14 = 6,230
　　　　　　　　b商品：695個×@18 = 12,510

棚卸減耗費　a商品：$(445 - 430)$個 × @$14 = 210$
　　　　　　b商品：$(695 - 690)$個 × @$18 = 90$
商品評価損　a商品：430個 × $(@14 - @13) = 430$
b商品は取得原価より正味売却価額のほうが高いため、商品
評価損を計上する必要はありません。

4． (借)減 価 償 却 費　　　2,030　　(貸)建物減価償却累計額　　945

　　　　　　　　　　　　　　　　　　　　備品減価償却累計額　1,085

建　　物：$(42,000 - 42,000 × 10\%) ÷ 40$年 $= 945$
備　　品：$(10,800 - 2,400 - 4,860) × 0.250 = 885$

新備品：$2,400 × 0.250 × \dfrac{4 カ月}{12 カ月} = 200$

5． (借)商 標 権 償 却　　　320　　(貸)商　　標　　権　　320

$2,560 ÷ (10 - 2)$年 $= 320$

6． (借)退 職 給 付 費 用　　1,750　　(貸)退職給付引当金　1,750

7． (借)前 払 費 用　　　　2,160　　(貸)不 動 産 賃 借 料　3,960

　　　長 期 前 払 費 用　　1,800

前払費用[01]：$4,320 × \dfrac{12 カ月}{24 カ月} = 2,160$

　　　　　（×21年10月から×22年9月までの1年分）

長期前払費用：$4,320 × \dfrac{10 カ月}{24 カ月} = 1,800$

　　　　　（×22年10月から×23年7月までの10カ月分）

8． (借)未 収 収 益　　　　300　　(貸)投資不動産賃貸料　300

受取日：1月31日および7月31日
未収収益[02]：@$150 × 2$カ月（8月〜9月）$= 300$

9． (借)法 人 税 等　　　　5,800　　(貸)仮払法人税等　　2,800

　　　　　　　　　　　　　　　　　　　　未払法人税等　　3,000

01)
前払不動産賃借料勘定は、貸借対照表上では「前払費用」で表示します。
02)
未収投資不動産賃貸料勘定は、貸借対照表上では「未収収益」で表示します。

テキスト p.12-5〜12-11
参照

2 英米式決算法と大陸式決算法

問題 7 英米式決算法

解答

損　　益

8/31	仕　　　　　入	(914,400)	8/31	売　　　　　上	(1,423,000)
〃	給　　　　　料	(87,800)	〃	有価証券売却益	(30,000)
〃	支　払　地　代	(84,000)	〃	(**有価証券評価益**)	(3,000)
〃	保　　険　　料	(24,000)			
〃	貸倒引当金繰入	(3,200)			
〃	減　価　償　却　費	(68,000)			
〃	支　払　利　息	(42,000)			
〃	棚　卸　減　耗　費	(1,600)			
〃	法　人　税　等	(69,300)			
〃	(**繰越利益剰余金**)	(161,700)			
		(1,456,000)			(1,456,000)

繰越利益剰余金

11/25	利　益　準　備　金	3,000	9/ 1	前　期　繰　越	(50,000)
〃	未　払　配　当　金	30,000	8/31	(**損　　益**)	(161,700)
8/31	(**次　期　繰　越**)	(178,700)			
		(211,700)			(211,700)

繰 越 試 算 表
×9年8月31日

借　　方	勘　定　科　目	貸　　方
222,200	現　金　預　金	
240,000	受　取　手　形	
170,000	売　　掛　　金	
250,000	売 買 目 的 有 価 証 券	
36,000	繰　越　商　品	
600,000	建　　　　物	
200,000	リ　ー　ス　資　産	
83,000	前　払　費　用	
95,000	そ の 他 有 価 証 券	
160,000	関 連 会 社 株 式	
	買　　掛　　金	205,000
	借　　入　　金	330,000
	リ　ー　ス　債　務	150,000
	未 払 法 人 税 等	69,300
	貸 倒 引 当 金	8,200
	建 物 減 価 償 却 累 計 額	180,000
	リース資産減価償却累計額	50,000
	資　　本　　金	600,000
	利　益　準　備　金	110,000
	任　意　積　立　金	180,000
	繰 越 利 益 剰 余 金	178,700
5,000	その他有価証券評価差額金	
2,061,200		2,061,200

英米式の決算手続の流れを問う問題です。

1. 当座預金の整理

（イ）未取付小切手 ─────→ 修正仕訳不要

（ロ）連絡未通知[01]（借）現金預金 60,000　（貸）売 掛 金 60,000

（ハ）連絡未通知[01]（借）現金預金 60,000　（貸）受取手形 60,000

01)
貸倒引当金の設定に影響を与える仕訳に注意してください。

2. 貸倒引当金の設定（差額補充法）

（借）貸倒引当金繰入　3,200　（貸）貸 倒 引 当 金　3,200

貸倒引当金繰入額[02]

（¥300,000 － ¥60,000 ＋ ¥230,000 － ¥60,000）× 2％ － ¥5,000

　　受取手形　　手形の取立分　　売掛金　　売掛金の振込分

＝ ¥3,200

02)
修正仕訳が行われた分を考慮することに注意してください。

3．有価証券の評価替え
(1) X 社株式

（借）売買目的有価証券　3,000　（貸）有価証券評価益　3,000

(2) Y 社株式

「仕　訳　な　し」

関連会社株式については、決算時に原則として取得原価で評価します。
(3) Z 社株式

（借）その他有価証券評価差額金　5,000　（貸）その他有価証券　5,000

その他有価証券評価差額金：¥95,000 − ¥100,000 = △¥5,000
その他有価証券については決算時に時価で評価します。その他有価証券評価差額金が借方残高のため、繰越試算表の借方に記載します。

4．売上原価の算定および期末商品の評価

（借）仕　　　入　32,000　（貸）繰　越　商　品　32,000
（借）繰　越　商　品　40,000[03]　（貸）仕　　　入　40,000
（借）棚　卸　減　耗　費　1,600[04]　（貸）繰　越　商　品　4,000
　　　商　品　評　価　損　2,400[05]
（借）仕　　　入　2,400　（貸）商　品　評　価　損　2,400

原価　@¥160	商品評価損 ¥2,400	棚卸減耗費 ¥1,600
正味売却価額　@¥150	繰越商品 ¥36,000	

　　　　　　　　　　実地数量　帳簿数量
　　　　　　　　　　240 個　　250 個

03)
@¥160×250 個
=¥40,000
04)
@¥160×（250 個−240 個）=¥1,600
05)
（@¥160−@¥150）×240 個=¥2,400

5．減価償却費の計上
(1) 建物

（借）減　価　償　却　費　18,000　（貸）建物減価償却累計額　18,000

建物：（¥600,000 − ¥600,000 × 10%）÷ 30 年 = ¥18,000
(2) リース資産

（借）リ ー ス 資 産　200,000　（貸）リ ー ス 債 務　200,000
（借）リ ー ス 債 務　50,000[07]　（貸）現 金 預 金　60,000
　　　支 払 利 息　10,000[06]
（借）減 価 償 却 費　50,000　（貸）リース資産減価償却累計額　50,000

06)
利息相当額：
¥60,000 × 4 回 − ¥200,000 = ¥40,000
支払利息：
¥40,000 ÷ 4 回 = ¥10,000
07)
¥60,000 − ¥10,000 = ¥50,000

リース資産：¥200,000 ÷ 4年 ＝ ¥50,000

　　利子抜き法の場合、リース資産計上額は見積現金購入価額となります。リース料支払時にはまず利息を計算し、リース料との差額でリース債務返済額を計算します。また、所有権移転外ファイナンス・リース取引であるためリース期間にわたり減価償却を行います。

6．支払地代の繰延べ

（借）前　払　費　用	63,000	（貸）支　払　地　代	63,000

前期末の仕訳

（借）前　払　費　用	9カ月分	（貸）支　払　地　代	9カ月分

当期の仕訳
期首（再振替仕訳）
前期末に行った仕訳を貸借逆に仕訳し、前払費用をなくし当期の費用とします。

（借）支　払　地　代	9カ月分	（貸）前　払　費　用	9カ月分

支払時

（借）支　払　地　代	12カ月分	（貸）現　金　預　金	12カ月分

残高試算表：支払地代（決算整理前残高）
　　9カ月分＋12カ月分 ＝ 21カ月分

$$¥147,000 \times \frac{9カ月}{21カ月} = ¥63,000$$

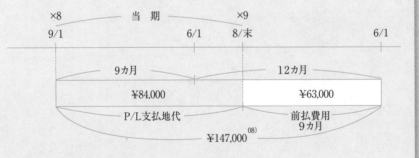

08)
残高試算表の支払地代¥147,000は、6/1に支払った1年分と、当期期首に再振替えされた9カ月分を含んでいます。

7．保険料の繰延べ

（借）前　払　費　用	12,000	（貸）保　　険　　料	12,000

$$¥18,000 \times \frac{8カ月}{12カ月} = ¥12,000$$

8．支払利息の繰延べ

（借）前　払　費　用	8,000	（貸）支　払　利　息	8,000

9．法人税等の計上、純損益の振替え

（借）法　人　税　等　69,300　　（貸）未払法人税等　69,300
（借）損　　　　　　　益　161,700　　（貸）繰越利益剰余金　161,700

損　　　　　益

8/31	仕　　　　　入 （　914,400）	8/31 売　　　　　上 （　1,423,000）
〃	給　　　　　料 （　87,800）	〃 有価証券売却益 （　30,000）
〃	支　払　地　代 （　84,000）	〃 （有価証券評価益）（　3,000）
〃	保　　険　　料 （　24,000）	
〃	貸倒引当金繰入 （　3,200）	
〃	減　価　償　却　費 （　68,000）	
〃	支　払　利　息 （　42,000）	
〃	棚　卸　減　耗　費 （　1,600）	
〃	法　人　税　等 （　69,300）	
〃	（繰越利益剰余金）（　161,700）	
	（　1,456,000）	（　1,456,000）

税引前
当期純利益
231,000円

　なお、繰越利益剰余金勘定の前期繰越額は、残高試算表の ¥17,000 に剰余金の配当の合計 ¥33,000 を加算して算出します。

繰越利益剰余金

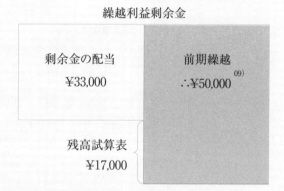

剰余金の配当
¥33,000

前期繰越
∴¥50,000 [09]

残高試算表
¥17,000

[09]
¥33,000＋¥17,000
＝¥50,000

テキスト p.12-12〜12-16
参照

　また、繰越試算表には資産・負債・純資産（資本）の次期繰越額を集計します。

問題 8　大陸式決算法

解答

損　益 [01]

9/30	仕	入	(4,017,000)	9/30	売　上	7,000,000
〃	給	料	1,579,800	〃	受 取 利 息	70,000
〃	通 信 費		300,000	〃	受 取 配 当 金	80,000
〃	貸倒引当金繰入		(27,600)	〃	為 替 差 損 益	(19,400)
〃	減 価 償 却 費		(80,000)	〃	仕 入 割 引	(3,000)
〃	ソフトウェア償却		(72,000)			
〃	支 払 利 息		(76,000)			
〃	棚 卸 減 耗 費		(20,000)			
〃	法 人 税 等		(300,000)			
〃	**（ 繰越利益剰余金 ）**		(700,000)			
			(7,172,400)			(7,172,400)

繰越利益剰余金

12/17	**（ 利 益 準 備 金 ）**		40,000	10/1	開 始 残 高			(570,000)
〃	**（ 未 払 配 当 金 ）** [02]		400,000	9/30	損　益			(700,000)
9/30	閉 鎖 残 高		(830,000)					
			(1,270,000)					(1,270,000)

閉 鎖 残 高

9/30	現 金 預 金		(104,200)	9/30	買 掛 金	(2,310,600)
〃	受 取 手 形		960,000	〃	借 入 金	1,197,000
〃	売 掛 金		1,920,000	〃	未 払 利 息	(10,000)
〃	繰 越 商 品		(353,000)	〃	未 払 法 人 税 等	(300,000)
〃	貸 付 金		1,060,000	〃	営 業 外 支 払 手 形	(1,000,000)
〃	前 払 利 息		(40,000)	〃	繰 延 税 金 負 債	(15,000)
〃	建 物		2,000,000	〃	貸 倒 引 当 金	(57,600)
〃	備 品		(1,200,000)	〃	建物減価償却累計額	(660,000)
〃	ソフトウェア		(288,000)	〃	備品減価償却累計額	(20,000)
〃	その他有価証券		(1,330,000)	〃	資 本 金	2,800,000
〃	繰 延 税 金 資 産		(6,000)	〃	利 益 準 備 金	(40,000)
				〃	**（ 繰越利益剰余金 ）**	(830,000)
				〃	その他有価証券評価差額金	(21,000)
			(9,261,200)			(9,261,200)

解　説

大陸式の決算手続の流れを問う問題です。
　1．決算整理仕訳
(1)外貨建て仕入

（借）仕　　　　　　入　30,000[03]　（貸）買　　掛　　金　30,000
（借）為　替　差　損　益　　　600　（貸）買　　掛　　金　　600[04]

決算時に買掛金の換算を行います。円安により買掛金が増加するため貸方に記入するとともに、借方は残高試算表の科目に従い為替差損益とします。なお、最終的に費用化（売上原価）する商品については、決算時の換算を行う必要はありません。

(2)売上原価の算定および期末商品の評価

（借）仕　　　　　　入　360,000　（貸）繰　越　商　品　360,000
（借）繰　越　商　品　430,000[05]　（貸）仕　　　　　　入　430,000
（借）棚 卸 減 耗 費　20,000[06]　（貸）繰　越　商　品　77,000
　　　商 品 評 価 損　57,000[07]
（借）仕　　　　　　入　57,000　（貸）商 品 評 価 損　57,000

期末商品にA商品を含めるのを忘れないようにしてください。
（B商品）

原価　@¥1,000

商品評価損 ¥57,000	棚卸減耗費
繰越商品（B商品） ¥323,000	¥20,000

正味売却価額　@¥ 850

実地数量　帳簿数量
380 個　　400 個

(3)その他有価証券の評価

（借）その他有価証券　50,000[08]　（貸）繰 延 税 金 負 債　15,000[09]
　　　　　　　　　　　　　　　　　　その他有価証券評価差額金　35,000[10]
（借）繰 延 税 金 資 産　6,000[12]　（貸）その他有価証券　20,000[11]
　　　その他有価証券評価差額金　14,000[13]

その他有価証券の評価差額について税効果会計を適用する場合、評価差額から繰延税金資産・負債を差し引いた額をその他有価証券評価差額金とします。

(4)建物の減価償却費の計上

（借）減 価 償 却 費　60,000　（貸）建物減価償却累計額　60,000

建物：（¥2,000,000 － ¥2,000,000 × 10%）÷ 30 年 = ¥60,000

03)
10 ドル× 30 個
×@¥100 = ¥30,000
04)
（@¥102 － @¥100）
× 300 ドル=¥600

05)
@¥1,000 × 400 個＋
¥30,000 = ¥430,000
06)
@¥1,000 ×（400 個
－380 個）= ¥20,000
07)
（@¥1,000 － @¥850）
× 380 個＝¥57,000

08)
¥650,000 － ¥600,000
= ¥50,000
09)
¥50,000 × 30%
= ¥15,000
10)
¥50,000 － ¥15,000
= ¥35,000
11)
¥680,000 － ¥700,000
=△¥20,000
12)
¥20,000 × 30%
= ¥6,000
13)
¥20,000 － ¥6,000
= ¥14,000

(5)備品の割賦購入の処理と減価償却費の計上

(借)営業外支払手形 250,000 　（貸)現　金　預　金　250,000
(借)前　払　利　息　40,000[14] （貸)支　払　利　息　40,000
(借)減　価　償　却　費　20,000 （貸)備品減価償却累計額　20,000

備品：$¥1,200,000 ÷ 5年 × \dfrac{1カ月}{12カ月} = ¥20,000$

利息総額のうち翌期分を支払利息から前払利息に振り替えます。また、備品については期中に取得しているため、減価償却費を月割り計上します。

14)
利息総額：
￥250,000×5回
－￥1,200,000
＝￥50,000
1回当たり利息：
￥50,000÷5回
＝￥10,000
前払利息：
￥10,000×4回
＝￥40,000

(6)ソフトウェアの償却

(借)ソフトウェア償却　72,000 （貸)ソフトウェア　72,000

ソフトウェア償却：$¥360,000 ÷ 5年 = ¥72,000$

(7)貸倒引当金の設定（差額補充法）

(借)貸倒引当金繰入　27,600 （貸)貸　倒　引　当　金　27,600

$(¥960,000 + ¥1,920,000) × 2\% - ¥30,000 = ¥27,600$
　　受取手形　　　　売掛金

(8)支払利息の見越し

(借)支　払　利　息　10,000 （貸)未　払　利　息　10,000

(9)法人税等の計上

(借)法　人　税　等　300,000 （貸)未払法人税等　300,000

2．損益勘定の完成

決算整理前残高試算表と決算整理仕訳にもとづいて損益勘定を完成させます。

損　　益

借方合計 ¥6,472,400	貸方合計 ¥7,172,400
差　額 ¥700,000	

繰越利益剰余金

剰余金の配当 ¥440,000	開始残高 ？
当期末 繰越利益剰余金 ？	¥700,000

（借）損　　　　益　700,000　（貸）繰越利益剰余金　700,000

3．繰越利益剰余金勘定の完成 15)

※開始残高の金額は以下のように求めます。

繰越利益剰余金

剰余金の配当 ¥440,000	開始残高 16) ∴　¥570,000
残高試算表 ¥130,000	

15)
剰余金の配当等は、12/17 に行われています。

16)
¥440,000＋¥130,000
＝¥570,000

よって、繰越利益剰余金勘定は次のようになります。そして繰越利益剰余金勘定の残高を、閉鎖残高勘定へ振り替えます。

繰越利益剰余金

剰余金の配当 ¥440,000	開始残高 ¥570,000
差　額 ¥830,000	損　益 ¥700,000

閉鎖残高

資　　産 ¥9,261,200	負債及び純資産 ¥8,431,200
	繰越利益剰余金 ¥830,000

振替仕訳

（借）繰越利益剰余金　830,000　（貸）閉　鎖　残　高　830,000

4．閉鎖残高勘定の完成

決算整理前残高試算表と決算整理仕訳にもとづいて、閉鎖残高勘定を完成させます。

テキスト p.12-17～12-19
参照

Chapter 13
本支店会計

支店間取引

問題 1

支店間の取引①

解答

①本店集中計算制度を採用する場合

	借方科目	金 額	貸方科目	金 額
本　　　店	横 浜 支 店	300,000	宇 都 宮 支 店	300,000
横 浜 支 店	仕　　　　入	300,000	本　　　　店	300,000
宇 都 宮 支 店	本　　　　店	300,000	仕　　　　入	300,000

②支店分散計算制度を採用する場合

	借方科目	金 額	貸方科目	金 額
本　　　店	仕 訳 な し			
横 浜 支 店	仕　　　　入	300,000	宇 都 宮 支 店	300,000
宇 都 宮 支 店	横 浜 支 店	300,000	仕　　　　入	300,000

解説

①本店集中計算制度を採用する場合、一度、本店を介して処理を
　行ったと考えます。
本店の仕訳
　宇都宮支店に対する債務として貸方を宇都宮支店とし、横浜支
店に対する債権として借方を横浜支店にします。
横浜支店の仕訳
　横浜支店は宇都宮支店に対する債務がありますが、本店を通し
て処理するため、貸方は本店となります。
宇都宮支店の仕訳
　宇都宮支店が横浜支店に商品を送っているため、宇都宮支店は
横浜支店に対する債権がありますが、本店を通して処理するため、
借方は本店となります。

②支店分散計算制度を採用する場合、取引相手の支店勘定を用い
　て処理する方法です。

本店の仕訳
　仕訳は不要です。
横浜支店の仕訳
　横浜支店は宇都宮支店に対する債務があるので、貸方は宇都宮支店となります。
宇都宮支店の仕訳
　宇都宮支店が横浜支店に商品を送っているため、宇都宮支店は横浜支店に対する債権があるので、借方は横浜支店となります。

テキスト p.13-3 ～ 13-6
参照

問題2　支店間の取引②

解答

①本店集中計算制度を採用する場合

	借方科目	金　額	貸方科目	金　額
本　　　店	**大 阪 支 店**	246,000	**愛 知 支 店**	246,000
大 阪 支 店	**仕　　　入**	246,000	**本　　　店**	246,000
愛 知 支 店	**本　　　店**	246,000	**売　　　上**	246,000

②支店分散計算制度を採用する場合

	借方科目	金　額	貸方科目	金　額
本　　　店	**仕 訳 な し**			
大 阪 支 店	**仕　　　入**	246,000	**愛 知 支 店**	246,000
愛 知 支 店	**大 阪 支 店**	246,000	**売　　　上**	246,000

解説

　本問では、愛知支店から大阪支店へ発送された商品価額が、内部利益が加算された価額となっており、商品の仕入原価ではないため、前の問題（問題1）のように、発送側の愛知商店の仕訳を仕入勘定の取り消しとして処理することができません。したがって、大阪支店への「売上」として処理します。大阪商店では仕入れた商品価額をもって「仕入」として処理します。

テキスト p.13-3 ～ 13-6
参照

合併財務諸表の作成

未達取引の整理

解答

本店/支店	借方科目	金額	貸方科目	金額
1	支店	仕　　　入	150,000	本　　　　店	150,000
2	支店	本　　　店	34,000	売　　掛　　金	34,000
3	本店	買　掛　金	29,000	支　　　　店	29,000

解説

本店、支店どちらに未達なのかを判断して未達側の仕訳をします。
「……したが、本店に未達である。」→本店が仕訳を行います。
「……したが、支店に未達である。」→支店が仕訳を行います。
したがって、1、2は支店が仕訳を、3は本店が仕訳を行います。

テキスト p.13-7 ～ 13-11
参照

合併財務諸表の作成①

解答

損　益　計　算　書
×20年1月1日から×20年12月31日まで

京　都　商　店

費　　用	金　額	収　　益	金　額
（期首）商品棚卸高	1,180,000	売　　上　　高	17,036,000
当期商品純仕入高	12,794,000	（期末）商品棚卸高	1,330,000
（売上総利益）	4,392,000		
	18,366,000		18,366,000
給　　　　料	1,200,000	売上総利益	4,392,000
支　払　家　賃	900,000	受取手数料	92,000
（貸倒引当金繰入）	520	雑　収　入	29,000
（減価償却費）	288,000		
保　険　料	330,000		
広　告　費	520,000		
消　耗　品　費	320,000		
支　払　利　息	59,000		
（当期純利益）	895,480		
	4,513,000		4,513,000

順不同

本店勘定・支店勘定の一致する金額	¥	2,006,000
本支店合併後の消耗品	¥	260,000

テキスト p.13-7 ～ 13-11
参照

解　説

1．未達事項の仕訳

(1)（借）本　　　　　　　店　　200,000　　　（貸）売　　掛　　金　　200,000
(2)（借）買　　掛　　金　　180,000　　　（貸）支　　　　　店　　180,000
(3)（借）仕　　　　　　　入　　260,000　　　（貸）本　　　　　店　　260,000
(4)（借）現　　　　　　　金　　100,000　　　（貸）支　　　　　店　　100,000

未達事項整理後の支店勘定と本店勘定の残高は一致します。

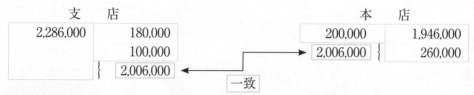

支　店		本　店	
2,286,000	180,000	200,000	1,946,000
	100,000	2,006,000 }	260,000
} 2,006,000			

一致

2．決算整理事項

(1)売上原価の算定

　① 期首商品棚卸高：¥750,000 ＋ ¥430,000 ＝ ¥1,180,000

　② 当期商品純仕入高：¥7,450,000 ＋ ¥5,084,000 ＋ ¥260,000 ＝ ¥12,794,000
　　　　　　　　　　　　　　　　　　　　　　　　　　未達分

　③ 期末商品棚卸高：¥650,000 ＋ ¥420,000 ＋ ¥260,000 ＝ ¥1,330,000
　　　　　　　　　　　　　　　　　　　　　　　未達分

(2)貸倒引当金の設定

　（借）貸倒引当金繰入　　　520　　　（貸）貸　倒　引　当　金　　　520
　売掛金：¥2,138,000 ＋（¥1,146,000 － ¥200,000）＝ ¥3,084,000
　　　　　　　　　　　　　　　　　　　未達分

　貸倒引当金繰入：¥3,084,000 × 3％ － ¥92,000 ＝ ¥520

(3)固定資産の減価償却

　（借）減　価　償　却　費　　288,000　　　（貸）備品減価償却累計額　　288,000
　減価償却費：（¥1,000,000 － ¥1,000,000 × 10％）÷ 5年 ＋（¥600,000 － ¥600,000
　　　　　　　　× 10％）÷ 5年 ＝ ¥288,000

(4)消耗品の処理

　残高試算表に消耗品費勘定があることから、消耗品は購入時に費用処理していることがわかります。そのため、決算整理において消耗品の未使用高を消耗品勘定（資産）に振り替えます。また、本支店合併後の消耗品の金額は、本店と支店の消耗品未使用高を合計した金額¥260,000となります。

　（借）消　　耗　　品　　260,000　　　（貸）消　　耗　　品　　費　　260,000
　消耗品費：¥580,000 － ¥260,000 ＝ ¥320,000

(5)保険料の繰延べ

　（借）前　払　保　険　料　　90,000　　　（貸）保　　険　　料　　90,000
　保険料：¥420,000 － ¥90,000 ＝ ¥330,000

(6)支払利息の見越し

　（借）支　払　利　息　　19,000　　　（貸）未　払　利　息　　19,000
　支払利息：¥40,000 ＋ ¥19,000 ＝ ¥59,000

(7)支払家賃の見越し

　（借）支　払　家　賃　　200,000　　　（貸）未　払　家　賃　　200,000
　支払家賃：¥700,000 ＋ ¥200,000 ＝ ¥900,000

(8)受取手数料の見越し

　（借）未　収　手　数　料　　23,000　　　（貸）受　取　手　数　料　　23,000
　受取手数料：¥69,000 ＋ ¥23,000 ＝ ¥92,000

解 答

貸 借 対 照 表

長 崎 商 店　　　　　×20年12月31日

資　　産	金　額	負債および純資産	金　額
現　　　　　　金	2,591,000	支　払　手　形	2,973,000
当　座　預　金	3,689,000	買　　掛　　金	2,626,000
売　掛　金（3,383,000)		借　　入　　金	1,400,000
貸倒引当金（　67,660)	3,315,340	未　払　利　息	12,800
商　　　　　　品	1,230,000	資　　本　　金	5,000,000
（消　　耗　　品）	280,000	当　期　純　利　益	357,540
前　払　保　険　料	360,000		
（未　収　手　数　料）	24,000		
備　　　品（1,600,000)			
減価償却累計額（　720,000)	880,000		
	12,369,340		12,369,340

順不同（消耗品）（未収手数料）

本店勘定・支店勘定の一致する金額	￥	2,570,000
本 支 店 合 併 後 の 保 険 料	￥	480,000

解　説

1．未達事項の仕訳

(1)（借）支　　　　店　420,000　（貸）売　掛　金　420,000
(2)（借）買　掛　金　250,000　（貸）本　　　　店　250,000
(3)（借）仕　　　　入　280,000　（貸）本　　　　店　280,000
(4)（借）現　　　　金　200,000　（貸）支　　　　店　200,000

未達事項整理後の支店勘定と本店勘定の残高は一致します。

支　店				本　店		
	2,350,000	(4)	200,000	残高　2,570,000		2,040,000
(1)	420,000	残高	2,570,000		(2)	250,000
					(3)	280,000

一致

2．決算整理事項

(1)現　　　　金：本店￥1,496,000＋支店￥895,000＋未達現金￥200,000＝￥2,591,000
(2)売　掛　金：本店￥2,485,000＋支店￥1,318,000－未達事項￥420,000＝￥3,383,000
　貸倒引当金：￥3,383,000×2％＝￥67,660
(3)商　　　　品：本店期末商品￥560,000＋支店期末商品￥390,000＋未達商品￥280,000
　　　　　　　　＝￥1,230,000
(4)消　耗　品：消耗品未使用高　本店￥200,000＋支店￥80,000＝￥280,000
(5)前払保険料：保険料の前払高　本店￥240,000＋支店￥120,000＝￥360,000
　本支店合併後の保険料：本店￥480,000＋支店￥360,000－￥360,000＝￥480,000
(6)未収手数料：手数料の未収高　本店￥15,000＋支店￥9,000＝￥24,000
(7)備　　　　品：本店￥1,000,000＋支店￥600,000＝￥1,600,000
　減価償却累計額：本店￥300,000＋支店￥180,000＋当期減価償却費￥240,000＝￥720,000
　当期減価償却費：本店（￥1,000,000－￥1,000,000×10％）÷6年＝￥150,000
　　　　　　　　　支店（￥600,000－￥600,000×10％）÷6年＝￥90,000
　　　　　　　　　合計　￥150,000＋￥90,000＝￥240,000
(8)買　掛　金：本店￥1,829,000＋支店￥1,047,000－未達事項￥250,000＝￥2,626,000
(9)未　払　利　息：利息の未払高　本店￥8,000＋支店￥4,800＝￥12,800

テキスト p.13-7 ～ 13-11
参照

Section 3 精算表の作成

問題 6 精算表の作成

解答

精　算　表　　　　　　　　　　　（単位：円）

勘 定 科 目	本店試算表		支店試算表		修正記入		損益計算書		貸借対照表	
	借方	貸方	借方	貸方	借方	貸方	借方	貸方	借方	貸方
現　　　　金	297,000		205,000		20,000				522,000	
当 座 預 金	352,800		252,600						605,400	
売 　掛 　金	410,800		229,200			40,000			600,000	
貸 倒 引 当 金		11,920		4,680		1,400				18,000
繰 越 商 品	150,000		86,000		266,000	236,000			266,000	
支　　　　店	457,200		—			36,000				
						20,000				
						401,200				
備　　　　品	200,000		120,000						320,000	
備品減価償却累計額		72,000		43,200		57,600				172,800
支 払 手 形		252,400		125,000						377,400
買 　掛 　金		303,000		169,400	36,000					436,400
借 　入 　金		400,000		160,000						560,000
本　　　　店		—		389,200	40,000	52,000				
					401,200					
資 　本 　金		600,000								600,000
売　　　　上		2,152,000		1,255,200				3,407,200		
受 取 手 数 料		9,000		4,800		4,600		18,400		
雑 　収 　入		4,680		2,920				7,600		
仕　　　　入	1,490,000		1,016,800		52,000	266,000	2,528,800			
					236,000					
給　　　　料	160,000		80,000				240,000			
支 払 家 賃	90,000		50,000		40,000		180,000			
保 　険 　料	48,000		36,000			18,000	66,000			
広 　告 　費	64,000		40,000				104,000			
消 耗 品 費	80,000		36,000			52,000	64,000			
支 払 利 息	5,200		2,800		3,800		11,800			
	3,805,000	3,805,000	2,154,400	2,154,400						
（消　耗　品）					52,000				52,000	
貸倒引当金繰入					1,400		1,400			
減 価 償 却 費					57,600		57,600			
（前　払）保険料					18,000				18,000	
（未　払）利息						3,800				3,800
（未　払）家賃						40,000				40,000
（未　収）手数料					4,600				4,600	
当期純（利　益）							179,600			179,600
					1,228,600	1,228,600	3,433,200	3,433,200	2,388,000	2,388,000

解 説

　本店と支店の数値を合算して仕訳を行っても問題ありません。

(1)未達取引の整理

<本　　　　　店>

①売掛金回収未達

(借)　　仕訳なし　　(貸)

②買掛金決済未達

(借)買　掛　金　36,000　(貸)支　　　　店　36,000

③商品発送未達

(借)　　仕訳なし　　(貸)

④現金送金未達

(借)現　　　金　20,000　(貸)支　　　　店　20,000

<支　　　　　店>

①売掛金回収未達

(借)本　　店　40,000　(貸)売　掛　金　40,000

②買掛金決済未達

(借)　　仕訳なし　　(貸)

③商品発送未達

(借)仕　　入　52,000　(貸)本　　　　店　52,000

④現金送金未達

(借)　　仕訳なし　　(貸)

(2)決算整理

<本　　　　　店>

①売上原価の算定

(借)仕　　　入　150,000　(貸)繰越商品　150,000

(借)繰越商品　130,000　(貸)仕　　　入　130,000

②貸倒引当金の設定

(借)貸倒引当金繰入　　404　(貸)貸倒引当金　　404

　　¥410,800 × 3 % − ¥11,920 = ¥404

③固定資産の減価償却

(借)減価償却費　36,000　(貸)備品減価償却累計額　36,000

　　(¥200,000 − ¥200,000 × 10%) ÷ 5 年 = ¥36,000

④消耗品の処理

(借)消　耗　品　36,000　(貸)消耗品費　36,000

⑤保険料の繰延べ

(借)前払保険料　12,000　(貸)保　険　料　12,000

⑥支払利息の見越し

(借)支　払　利　息　2,400　(貸)未　払　利　息　2,400

⑦支払家賃の見越し

(借)支　払　家　賃　24,000　(貸)未　払　家　賃　24,000

⑧受取手数料の見越し

(借)未収手数料　3,000　(貸)受取手数料　3,000

<支　　　　　店>

①売上原価の算定

(借)仕　　入　86,000　(貸)繰越商品　86,000

(借)繰越商品　136,000　(貸)仕　　　入　136,000

　　¥84,000 + ¥52,000 (未達分) = ¥136,000

②貸倒引当金の設定

(借)貸倒引当金繰入　　996　(貸)貸倒引当金　　996

　　(¥229,200 − ¥40,000) × 3 % − ¥4,680 = ¥996

③固定資産の減価償却

(借)減価償却費　21,600　(貸)備品減価償却累計額　21,600

　　(¥120,000 − ¥120,000 × 10%) ÷ 5 年 = ¥21,600

④消耗品の処理

(借)消　耗　品　16,000　(貸)消耗品費　16,000

⑤保険料の繰延べ

(借)前払保険料　6,000　(貸)保　険　料　6,000

⑥支払利息の見越し

(借)支　払　利　息　1,400　(貸)未　払　利　息　1,400

⑦支払家賃の見越し

(借)支　払　家　賃　16,000　(貸)未　払　家　賃　16,000

⑧受取手数料の見越し

(借)未収手数料　1,600　(貸)受取手数料　1,600

(3)内部取引の相殺

　　(借)本　　　店　401,200　　　(貸)支　　　店　401,200

テキスト p.13-12 〜 13-17
参照

帳簿の締切り

 問題7 合併残高試算表の作成

解 答

合 併 残 高 試 算 表

借　　　　方	金　　額	貸　　　　方	金　　額
繰 越 商 品	（　9,485,000）	諸　　負　　債	23,081,000
未 達 商 品	（　276,000）	純　　資　　産	38,946,000
そ の 他 諸 資 産	（　58,971,000）	売　　　　上	74,306,000
仕　　　　入	（　51,849,000）		
そ の 他 諸 費 用	15,752,000		
合　　　　計	（　136,333,000）	合　　　　計	（　136,333,000）

解 説

1．未達事項の仕訳は、次のとおりです。

①（本店）：（借）支　　　　店　55,000　　（貸）その他諸資産　55,000

②（支店）：（借）仕　　　　入　276,000　　（貸）本　　　　店　276,000

2．決算整理仕訳は、次のとおりです。

（借）仕　　　　入　9,142,000 [01]　（貸）繰 越 商 品　9,142,000

（借）繰 越 商 品　9,485,000 [02]　（貸）仕　　　　入　9,761,000

　　未 達 商 品　276,000

> 01）￥6,635,000 ＋ ￥2,507,000 ＝ ￥9,142,000
> 02）￥7,346,000 ＋ ￥2,139,000 ＝ ￥9,485,000

テキスト p.13-18 ～ 13-23
参照

Chapter 14
連結会計（資本連結）

1 連結会計の基礎知識

問題 1 連結財務諸表の意義

解答

(1)	支　配　従　属	(2)	企　業　集　団	(3)	財　政　状　態
(4)	経　営　成　績	(5)	キャッシュ・フローの状況	(6)	親　会　社

解説

連結財務諸表と個別財務諸表の違いについて確認します。

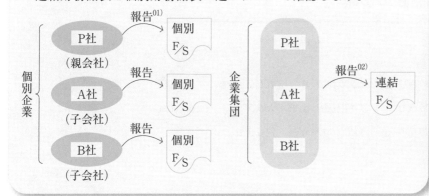

01)
P社の財政状態、経営成績およびキャッシュ・フローの状況を報告します。

02)
P社、A社、B社から成る企業集団の財政状態、経営成績およびキャッシュ・フローの状況を報告します。

テキスト p.14-2 〜 14-7
参照

問題 2 子会社の範囲

解 答

(1)	議 決 権	(2)	実 質 的	(3)	議 決 権
(4)	意 思 決 定 機 関				

解 説

　連結の範囲に含める子会社の判定基準としては、実質的な支配関係の有無にもとづいて判定する支配力基準が用いられます。

　ただし、支配が一時的と認められる会社、連結することにより利害関係者の判断を著しく誤らせるおそれのある会社は、連結の範囲から除かれることになります。また、重要性の乏しい子会社は連結の範囲から除外することができます。

テキスト p.14-2 〜 14-7
参照

問題 3 連結財務諸表の種類

解 答

a	3,500,000	b	1,500,000	c	1,000,000	d	1,100,000	e	1,200,000
f	600,000	g	500,000	h	1,400,000	i	150,000	j	500,000
k	700,000	l	80,000	m	1,400,000	n	700,000		

解 説

　連結損益計算書→連結株主資本等変動計算書→連結貸借対照表の順に求めていきます。

　a：5,000,000円×0.7 = 3,500,000円

　j：連結損益計算書の親会社株主に帰属する当期純利益（g）を移します。

　n：連結株主資本等変動計算書の利益剰余金当期末残高（k）を移します。

テキスト p.14-2 〜 14-7
参照

Section

2

資本連結の基本的処理

問題 4 支配獲得日の資本連結

解 答

問1.

(1)	連結貸借対照表[01]	(2)	親会社の投資[01]	(3)	子会社の資本[01]
(4)	資 本 連 結				

01）
(1)は連結財務諸表でも可。
(2)と(3)は順不同。

問2.

(単位：千円)

借方科目	金 額	貸方科目	金 額
資 本 金	100,000	S 社 株 式	150,000
利 益 剰 余 金	50,000		

連結貸借対照表
×1年3月31日
(単位：千円)

諸 資 産	(1,350,000)	諸 負 債	(850,000)
		資 本 金	(200,000)
		利 益 剰 余 金	(300,000)
	(1,350,000)		(1,350,000)

解 説

問1．資本連結

親会社から子会社に対する投資は、連結ベースで見ると、企業グループ内部における資金移動にすぎない。そこで 連結貸借対照表 を作成するにあたって、 親会社の投資 と 子会社の資本 を相殺する必要があり、この 親会社の投資 と 子会社の資本 の相殺を 資本連結 という。

問2．資本連結の修正仕訳

P社の投資勘定（S社株式）とS社の資本（資本金と利益剰余金）の相殺処理（資本連結）を行います。

〈連結貸借対照表の作成〉

諸 資 産：850,000千円＋500,000千円＝1,350,000千円

諸 負 債：500,000千円＋350,000千円＝850,000千円

資 本 金：200,000千円＋100,000千円－100,000千円＝200,000千円

利益剰余金：300,000千円＋50,000千円－50,000千円＝300,000千円

テキスト p.14-9 ～ 14-13
参照

問題 5 のれんの処理

解答

問1.
(単位：千円)

借方科目	金 額	貸方科目	金 額
諸　資　産	5,000	評　価　差　額	5,000

問2.
(単位：千円)

借方科目	金 額	貸方科目	金 額
資　本　金	100,000	S　社　株　式	170,000
資　本　剰　余　金	30,000		
利　益　剰　余　金	20,000		
評　価　差　額	5,000		
の　　れ　　ん	15,000		

連結貸借対照表
×1年3月31日　　　(単位：千円)

諸　資　産	1,135,000	諸　　負　　債	(600,000)
〔の　　れ　　ん〕	(15,000)	〔　　　　　〕	(　　　　)
		資　　本　　金	(400,000)
		資　本　剰　余　金	(100,000)
		利　益　剰　余　金	(50,000)
	(1,150,000)		(1,150,000)

問3.
(単位：千円)

借方科目	金 額	貸方科目	金 額
資　本　金	100,000	S　社　株　式	130,000
資　本　剰　余　金	30,000	負ののれん発生益[01]	25,000
利　益　剰　余　金	20,000		
評　価　差　額	5,000		

連結貸借対照表
×1年3月31日　　　(単位：千円)

諸　資　産	1,175,000	諸　　負　　債	(600,000)
〔　　　　　〕	(　　　　)	〔　　　　　〕	(　　　　)
		資　　本　　金	(400,000)
		資　本　剰　余　金	(100,000)
		利　益　剰　余　金[01]	(75,000)
	(1,175,000)		(1,175,000)

(注)不要な空欄はそのままにしておくこと。

01)
「負ののれん発生益」は収益の勘定科目なので、貸借対照表では「利益剰余金」勘定に振り替えて計上します。

解 説

問2．P社の投資（S社株式）＞S社の資本の場合

$$\underline{170,000\text{千円}}_{\text{S社株式}} - (\underline{100,000\text{千円}}_{\text{資本金}} + \underline{30,000\text{千円}}_{\text{資本剰余金}} + \underline{20,000\text{千円}}_{\text{利益剰余金}} + \underline{5,000\text{千円}}_{\text{評価差額}})$$

　＝ 15,000千円（借方　のれん）

問3．P社の投資（S社株式）＜S社の資本の場合

$$\underline{130,000\text{千円}}_{\text{S社株式}} - (\underline{100,000\text{千円}}_{\text{資本金}} + \underline{30,000\text{千円}}_{\text{資本剰余金}} + \underline{20,000\text{千円}}_{\text{利益剰余金}} + \underline{5,000\text{千円}}_{\text{評価差額}})$$

　＝△25,000千円（貸方　負ののれん発生益）

テキスト p.14-14 ～ 14-17
参照

Section 4 部分所有子会社の処理

問題 6 部分所有子会社の処理①

解答

問1.

(単位:千円)

借 方 科 目	金 額	貸 方 科 目	金 額
資 本 金	28,000	S 社 株 式	22,000
資 本 剰 余 金	7,000	非支配株主持分	18,000 [01]
利 益 剰 余 金	5,000		

01)
40,000 千円 × 45%
S社純資産　非支配株主持分割合
= 18,000 千円

問2.

連結貸借対照表
×1年3月31日
(単位:千円)

諸 資 産	(408,000)	諸 負 債	(240,000)
		資 本 金	(100,000)
		資 本 剰 余 金	(30,000)
		利 益 剰 余 金	(20,000)
		〔非支配株主持分〕	(18,000)
	(408,000)		(408,000)

解説

本問は投資消去差額が生じない場合の部分所有の資本連結です。
本問を図示すると次のようになります。

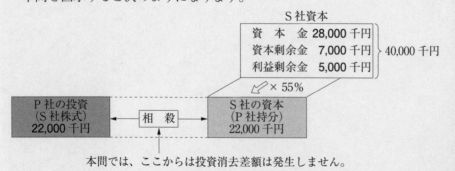

S社資本

資 本 金 28,000 千円
資本剰余金 7,000 千円 } 40,000 千円
利益剰余金 5,000 千円

× 55%

| P社の投資 (S社株式) 22,000 千円 | ← 相 殺 → | S社の資本 (P持分) 22,000 千円 |

本問では、ここからは投資消去差額は発生しません。

テキスト p.14-18 〜 14-25
参照

問題 **7** 部分所有子会社の処理②

解 答

連 結 精 算 表　　　　　　　　（単位：千円）

科　目	P社（親会社）借方	P社（親会社）貸方	S社（子会社）借方	S社（子会社）貸方	整理記入借方	整理記入貸方	連結貸借対照表借方	連結貸借対照表貸方
諸　資　産	107,500		73,000		2,000		182,500	
S　社　株　式	37,500					37,500		
の　れ　ん					7,500 (02)		7,500	
諸　負　債		70,000		35,000				105,000
資　本　金		50,000		20,000	20,000			50,000
資 本 剰 余 金		5,000		10,000	10,000			5,000
利 益 剰 余 金		20,000		8,000	8,000			20,000
評　価　差　額					2,000	2,000 (01)		
非支配株主持分						10,000 (03)		10,000
	145,000	145,000	73,000	73,000	49,500	49,500	190,000	190,000

01)
75,000千円 − 73,000千円
＝ 2,000千円
02)
37,500千円 −
40,000千円 × 75%
　　　　　親会社持分
＝ 7,500千円
03)
40,000千円 × 25%
S社資本　非支配株主持分割合
＝ 10,000千円

解 説

本問は投資消去差額が生じる場合の部分所有の資本連結です。
本問を図示すると次のようになります。

S社資本

資　本　金 20,000千円	
資本剰余金 10,000千円	40,000千円
利益剰余金 8,000千円	
評 価 差 額 2,000千円	

× 75%

| P社の投資（S社株式）37,500千円 | 相　殺 | S社の資本（P社持分）30,000千円 |

投資消去差額（のれん）7,500千円

（借）諸　資　産　　2,000　　（貸）評　価　差　額　　2,000

（借）資　本　金　　20,000　　（貸）S　社　株　式　　37,500

　　　資 本 剰 余 金　10,000　　　　非支配株主持分　　10,000

　　　利 益 剰 余 金　8,000

　　　評　価　差　額　2,000

　　　の　れ　ん　　7,500

テキスト p.14-18 〜 14-25
参照

Chapter 15
財務分析

財務分析の基礎と比率の覚え方

問題
1 **財務分析の基礎**

解答

1	企業の状況	2	比率分析	3	経営者
4	投資家	5	取引先		

解説

文章の空欄を埋めると次のようになります。

　財務分析とは、財務諸表に示された各数値を用いて、**企業の状況**を分析、判断することをいい、主に実数分析と**比率分析**の２つがある。

　財務分析の目的には、①**経営者**として、自社の経営内容を把握して経営判断に活かす、②**投資家**として、会社の将来性を予想する、③貸付先や**取引先**の経営内容を確認して、貸倒れ等の損失を未然に防ぐ、といったことが挙げられる。

テキスト p.15-2 ～ 15-3
参照

Section

2

収益性分析

問題

2

収益性分析

解答

総資産利益率　　　　　*24.0*　　％

自己資本利益率　　　　*31.6*　　％

解説

(1)総資産利益率：$\dfrac{当期純利益}{(期首総資産＋期末総資産) \div 2} \times 100$

$\dfrac{¥60,000}{(¥200,000＋¥300,000) \div 2} \times 100 = 24\%$

(2)自己資本利益率：$\dfrac{当期純利益}{(期首自己資本＋期末自己資本) \div 2} \times 100$

期首自己資本：¥80,000＋¥10,000＋¥70,000＝¥160,000

期末自己資本：¥90,000＋¥11,000＋¥119,000＝¥220,000

$\dfrac{¥60,000}{(¥160,000＋¥220,000) \div 2} \times 100 = 31.578\cdots \rightarrow 31.6\%$

テキスト p.15-4 〜 15-5
参照

問題 3 安全性分析

解 答

流 動 比 率	165.0	%
当 座 比 率	76.1	%
総資産負債比率	41.0	%
自 己 資 本 比 率	59.0	%

解 説

(1) 流動比率：$\dfrac{流動資産}{流動負債} \times 100$（%）

$$\frac{¥19,500 + ¥50,000 - ¥1,000 + ¥80,000}{¥50,000 + ¥34,000 + ¥6,000} \times 100 = \frac{¥148,500}{¥90,000} \times 100 = 165\%$$

(2) 当座比率：$\dfrac{当座資産}{流動負債} \times 100$（%）

$$\frac{¥19,500 + ¥50,000 - ¥1,000}{¥50,000 + ¥34,000 + ¥6,000} \times 100 = \frac{¥68,500}{¥90,000} \times 100 = 76.111\cdots \rightarrow 76.1\%$$

(3) 総資産負債比率：$\dfrac{負債}{総資産} \times 100$（%）

$$\frac{¥50,000 + ¥34,000 + ¥6,000 + ¥20,700}{¥270,000} \times 100 = \frac{¥110,700}{¥270,000} \times 100 = 41\%$$

(4) 自己資本比率：$\dfrac{自己資本}{総資産} \times 100$（%）

$$\frac{¥100,000 + ¥8,000 + ¥51,300}{¥270,000} \times 100 = \frac{¥159,300}{¥270,000} \times 100 = 59\%$$

テキスト p.15-6 〜 15-8
参照

Chapter 16
帳簿組織

特殊仕訳帳制度・二重仕訳と二重転記

 問題 1 特殊仕訳帳①

解答

現　金　支　払　帳　　2

×21年		勘定科目	摘　要	元丁	買　掛　金	諸　口
			前ページから		1,218,000	965,000
1	15	仕　入	引取運賃	√		24,000
	23	買掛金	徳島商店	仕2	430,000	
	29	当座預金	全経銀行	√		800,000
					1,648,000	1,789,000
	31		買　掛　金	11		1,648,000
	〃		現　　金	1		3,437,000
	〃		次月繰越	√		272,000
						3,709,000

元丁欄の仕2は買2でも可

仕　入　帳　　3

×21年		勘定科目	摘　要	元丁	買　掛　金	諸　口
			前ページから		1,549,000	1,126,000
1	15	当座預金	高知商店	√		480,000
	〃	買掛金	高知商店	仕1	270,000	
	〃	現　金	引取運賃	√		24,000
	16	買掛金	高知商店	仕1	70,000	[01]
					1,819,000	1,630,000
	31		買　掛　金	11		1,819,000
	〃		総仕入高	21		3,449,000
	〃		仕入戻し高	11／21		70,000 [01]
	〃		純仕入高			3,379,000

元丁欄の仕1は買1でも可

[01]
本来、16日の高知商店の返品取引は赤字で記入しますが（仕入のマイナスを意味するため）、本試験では黒字で記入してください。

総勘定元帳

現　金　　1

1/1 前月繰越	1,423,000	1/31		3,437,000

月中入金額は、¥2,286,000であった。

買　掛　金　　11

1/31	1,648,000	1/1 前月繰越		1,654,000
〃	70,000	31		1,819,000

仕　入　　21

1/31	3,449,000	1/31		70,000

仕入先（買掛金）元帳

高　知　商　店　　1

1/16	70,000	1/1 前月繰越		540,000
		15		270,000

徳　島　商　店　　2

1/23	430,000	1/1 前月繰越		730,000

> 注 勘定口座の転記について
> 　現金勘定の貸方、仕入勘定の借方・貸方、高知商店・徳島商店の借方・貸方に上記以外の金額が記入されている場合や仕入勘定の貸方が赤記入の場合は、誤答となります。なお、次月繰越の記入は不問です。

解　説

　取引から特殊仕訳帳に記入して締め切り、総勘定元帳に合計転記する問題です。また、仕入先元帳への個別転記も求められています。

(1)仕訳

1/15	(借) 仕	入	774,000	(貸) 当 座 預 金	480,000	➡仕入帳・諸口欄
				買 掛 金	270,000	➡仕入帳・買掛金欄
				現 金	24,000	➡仕入帳・諸口欄
						➡現金支払帳・諸口欄
16	(借) 買 掛 金		70,000	(貸) 仕 入	70,000	➡仕入帳・買掛金欄
23	(借) 買 掛 金		430,000	(貸) 現 金	430,000	➡現金支払帳・買掛金欄
29	(借) 当 座 預 金		800,000	(貸) 現 金	800,000	➡現金支払帳・諸口欄

(2)個別転記

　1/15　掛 仕 入 高　¥270,000　➡仕入先元帳（高知商店勘定貸方、元丁：仕1）
　　16　返 品 高　¥ 70,000　➡仕入先元帳（高知商店勘定借方、元丁：仕1）
　　23　買掛金支払高　¥430,000　➡仕入先元帳（徳島商店勘定借方、元丁：仕2）

(3)現金支払帳からの合計転記

　　買掛金欄合計　¥1,648,000　➡総勘定元帳（買掛金勘定借方、元丁：11）
　　現　　　　金　¥3,437,000　➡総勘定元帳（現金勘定貸方、元丁：1）

(4)仕入帳からの合計転記

　仕入戻し高は、買掛金欄合計には含めない点に注意が必要です。

　　買 掛 金　¥1,819,000　➡総勘定元帳（買掛金勘定貸方、元丁：11）
　　総 仕 入 高　¥3,449,000　➡総勘定元帳（仕入勘定借方、元丁：21）
　　仕 入 戻 し 高　¥ 70,000　➡総勘定元帳（買掛金勘定借方、元丁：11　仕入勘定貸方、
　　　　　　　　　　元丁：21）

テキスト p.16-2 ～ 16-19
参照

問題 2 特殊仕訳帳②

解 答

現 金 収 入 帳　2

×21年		勘定科目	摘　要	元丁	売 掛 金	諸　口
			前ページから		1,126,000	860,000
7	8	売　上	大阪商店	√		500,000
	12	売掛金	大阪商店	得1	420,000	
	29	当座預金	全経銀行	√		380,000
					1,546,000	1,740,000
	31		売　掛　金	4		1,546,000
	〃		現　　　金	1		3,286,000
	〃		前 月 繰 越	√		825,000
						4,111,000

> 元丁欄の得1は売1でも可

売 上 帳　3

×21年		勘定科目	摘　要	元丁	売 掛 金	諸　口
			前ページから		1,364,000	930,000
7	8	現　金	大阪商店	√		500,000
	〃	売掛金	大阪商店	得1	320,000	
	20	売掛金	京都商店	得2	480,000	
	21	**売掛金**	**京都商店**	**得2**	**60,000**	[01]
					2,164,000	1,430,000
	31		売　掛　金	4		2,164,000
	〃		総 売 上 高	20		3,594,000
	〃		**売上戻り高**	20／4		60,000[01]
			純 売 上 高			3,534,000

> 元丁欄の得2は売2でも可

> 01)
> 本来、21日の京都商店の返品取引は赤字で記入しますが（売上のマイナスを意味するため）、本試験では黒字で記入してください。

総 勘 定 元 帳

現　　　金　1

7/1 前月繰越	825,000		
31	3,286,000		

売　掛　金　4

7/1 前月繰越	2,012,000	7/31	1,546,000
31	2,164,000	〃	60,000

売　　　上　20

7/31	60,000	7/31	3,594,000

得意先(売掛金)元帳

大 阪 商 店　1

7/1 前月繰越	680,000	7/12	420,000
8	320,000		

京 都 商 店　2

7/1 前月繰越	750,000	7/21	60,000
20	480,000		

　取引から特殊仕訳帳に記入して締め切り、総勘定元帳に合計転記する問題です。また、得意先元帳への個別転記も求められています。

(1)仕訳

7/ 8	（借）現　　　　　金	500,000	（貸）売　　　　　上	500,000	➡現金収入帳・諸口欄
					売上帳・諸口欄
	（借）売　　掛　　金	320,000	（貸）売　　　　　上	320,000	➡売上帳・売掛金欄
12	（借）現　　　　　金	420,000	（貸）売　　掛　　金	420,000	➡現金収入帳・売掛金欄
20	（借）売　　掛　　金	480,000	（貸）売　　　　　上	480,000	➡売上帳・売掛金欄
21	（借）売　　　　　上	60,000	（貸）売　　掛　　金	60,000	➡売上帳・売掛金欄
29	（借）現　　　　　金	380,000	（貸）当　座　預　金	380,000	➡現金収入帳・諸口欄

(2)個別転記

　7/ 8 掛 売 上 高　¥320,000　➡得意先元帳（大阪商店勘定借方、元丁：得1）
　　 12 売掛金回収高　¥420,000　➡得意先元帳（大阪商店勘定貸方、元丁：得1）
　　 20 掛 売 上 高　¥480,000　➡得意先元帳（京都商店勘定借方、元丁：得2）
　　 21 返 品 高　¥ 60,000　➡得意先元帳（京都商店勘定貸方、元丁：得2）

(3)現金収入帳からの合計転記

　　売掛金欄合計　¥1,546,000　➡総勘定元帳（売掛金勘定貸方、元丁：4）
　　現　　　　金　¥3,286,000　➡総勘定元帳（現金勘定借方、元丁：1）

(4)売上帳からの合計転記

　売上戻り高は、売掛金欄合計には含めない点に注意が必要です。

　　売　　掛　　金　¥2,164,000　➡総勘定元帳（売掛金勘定借方、元丁：4）
　　総 売 上 高　¥3,594,000　➡総勘定元帳（売上勘定貸方、元丁：20）
　　売 上 戻 り 高　¥ 60,000　➡総勘定元帳（売掛金勘定貸方、元丁：4　売上勘定借方、
　　　　　　　　　　　　　　　　　元丁：20)

テキスト p.16-2 ～ 16-19
参照

━━ コラム 「流 星 哲 学」 ━━━━━━━━━━━━━━━━━━━━━━━━━

みなさんは、『流れ星に願いごとをすると、その願いごとが叶う』という話、信じておられますか?

『そんなお伽話、今どき信じている人はいないよ』とお思いでしょう。

でも、私は信じています。信じているどころか、『流れ星に願いごとをすると、その願いごとが叶う』と保証します。

その理由は、夜、空を見上げて、流れ星を探してみるとわかります。

毎晩毎晩、夜空を見上げていたとしても、晴れた日ばかりではなく、雨の日も曇りの日もあります。つまり、必ず星空が見えるとは限りません。

また、運よく星空が見え、星が流れたとしても、全天の中で流れ星が通るところはほんの一部です。その場所を見ていなければ、流れ星に気づくこともないでしょう。さらに、流れ星などほんの一瞬です。

流れ星に願いごとをするには、とてつもなく低い確率の、さらに一瞬の間に自分の願いごとを言葉にしなければなりません。

これは、一日24時間四六時中、自分が心から本当に願っていることでないと、とてもできることではありません。

もう、おわかりでしょう。私が『流れ星に願いごとをすると、その願いごとが叶う』ことを保証するわけが。

そうです。

一人の人間が24時間四六時中、寝ても醒めても本当に願っていることなら、その人は労力を厭うことなく、努力も惜しまないで取り組みます。そうすれば、必然的に事は成り、その願いは叶うのです。

あっ、流れ星だ!

間に合いましたか。そして、あなたは何を願いましたか?

　　　　＊この話は、知り合いの社長さんから聞いた話をもとにしています。

スピードアップのための電卓術

電卓の上手な使い方をマスターすればスピードアップが図れ、得点力がアップします。
電卓を使いこなすテクニックを修得しましょう。

 3つの省略テクニックでスピードUP

今までふつうに叩いていたキーを省略してスピードアップを図りましょう。

省略テクニック❶ 「計算途中の ＝ キーは省略できる」

練習問題

片道の交通費が電車賃200円とバス代100円です。往復だといくらでしょうか？

計算式：（200円＋100円）×2＝600円
普通の使い方： 2 00 ＋ 1 00 ＝ × 2 ＝ 600

テクニック 2 00 ＋ 1 00 × 2 600

Point ＝ キーは省略できます。

省略テクニック❷ 「 0 を省略」

練習問題

販売価格1,000円で原価率60%（0.6）の商品の原価はいくらでしょうか？

計算式：1,000円×0.6＝600円
普通の使い方： 1 00 0 × 0 ． 6 ＝ 600

テクニック 1 00 0 × ． 6 ＝ 600

Point 0 は省略できます。

省略テクニック❸ 「 % キーを使って ＝ キーを省略」

練習問題

販売価格1,000円で原価率60%（0.6）の商品の原価はいくらでしょうか？

テクニック 1 00 0 × 6 0 % 600

Point ＝ キーを押す必要はありません。

省略で
差をつけよう

スピードアップのための電卓術(ワザ)

電卓の上手な使い方をマスターすればスピードアップが図れ、得点力がアップします。
電卓を使いこなすテクニックを修得しましょう。

 メモリー機能を使いこなそう >>>

「計算途中の結果を紙にメモした」経験がありませんか。でも電卓が覚えてくれるなら、その方が楽ですね。

紙に書く代わりに電卓に覚えさせるメモリー機能を使ってスピードアップを図りましょう。

メモリー機能は次の4つのキーで操作します。

キー	呼び方	機能
M＋	メモリープラス	画面の数字を電卓のメモリーに加算し(足し込み)ます。
M－	メモリーマイナス	画面の数字を電卓のメモリーから減算し(引き)ます。
RM または MR	リコールメモリー	メモリーに入っている数字を画面に表示します。
CM または MC	クリアメモリー	メモリーに入っている数字をクリア(ゼロ)にします。

メモリー機能の練習

練習問題
100円の商品を3個と200円の商品を5個購入しました。総額でいくらでしょうか。

テクニック

メモの必要なし

操作	電卓の表示	機能	メモリーの値
CA または AC と MC	0	計算結果やメモリーを全てクリアします。	0
1 00 × 3 M＋	300	メモリーに300を加算します。	300
2 00 × 5 M＋	1,000	メモリーに1,000を加算します。	1,300
RM または MR	1,300	メモリーに入っている数字を表示します。	1,300

■監修

新田 忠誓　商学博士（一橋大学）
　一橋大学名誉教授
　日本簿記学会顧問、一般社団法人　資格教育
　推進機構代表理事
　1977年　一橋大学大学院商学研究科博士課程
　単位修得
　神奈川大学経済学部、慶應義塾大学商学部、
　一橋大学商学部・商学研究科などを経て、
　現在、一橋大学名誉教授
　公認会計士・不動産鑑定士・税理士試験委員
　など歴任。

吉田 智也
　中央大学商学部教授
　平成19年　一橋大学大学院商学研究科博士後
　期課程修了、博士（商学）・一橋大学、平成
　19年　福島大学経済経営学類准教授、平成24
　年　埼玉大学経済学部准教授、平成29年　中
　央大学商学部准教授を経て、令和5年　中央
　大学商学部教授、現在に至る
　主要著書・論文：「収益認識における変動対
　価と帳簿記録」『簿記研究』第6巻第1号、令
　和5年

■編著

桑原 知之（ネットスクール株式会社）

■制作スタッフ

藤巻健二　中嶋典子　石川祐子　吉永絢子　吉川史織

■表紙デザイン

株式会社スマートゲート

本書の発行後に公表された法令等及び試験制度の改正情報、並びに判明した誤りに関する訂正情報については、弊社 WEB サイト内の『読者の方へ』にてご案内しておりますので、ご確認下さい。

https://www.net-school.co.jp/

なお、万が一、誤りではないかと思われる箇所のうち、弊社 WEB サイトにて掲載がないものにつきましては、**書名（ISBNコード）**と誤りと思われる内容のほか、お客様の**お名前及びご連絡先（電話番号）**を明記の上、弊社まで**郵送または e-mail** にてお問い合わせ下さい。

＜郵送先＞　〒 101 - 0054
　　　　　　東京都千代田区神田錦町 3 - 23 メットライフ神田錦町ビル 3 階
　　　　　　ネットスクール株式会社　正誤問い合わせ係

＜e-mail ＞　seisaku@net-school.co.jp

※正誤に関するもの以外のご質問、本書に関係のないご質問にはお答えできません。
※**お電話によるお問い合わせはお受けできません。**ご了承下さい。
※回答及び内容確認のためにお電話を差し上げることがございますので、必ずご連絡先をお書きください。

全経　簿記能力検定試験　公式問題集　1級商業簿記・財務会計

2024年3月19日　初版　第1刷発行

監 修 者　新　　田　　忠　　誓
　　　　　吉　　田　　智　　也
編 著 者　桑　　原　　知　　之
発 行 者　桑　　原　　知　　之
発 行 所　ネ ッ ト ス ク ー ル 株 式 会 社
　　　　　　　　出　 版　 本　 部
　　　　　〒101-0054　東京都千代田区神田錦町3-23
　　　　　電 話　03（6823）6458（営業）
　　　　　FAX　03（3294）9595
　　　　　https://www.net-school.co.jp/
DTP制作　ネ ッ ト ス ク ー ル 株 式 会 社
印刷・製本　日 経 印 刷 株 式 会 社

© Net-School 2024　　Printed in Japan　　ISBN 978-4-7810-0364-1

落丁・乱丁本はお取替えいたします。